구속사의 관점에서 본

모세오경

장별 연구

1

구속사의 관점에서 본
모세오경 장별연구(1)
창세기 출애굽기

1쇄 발행 2013년 12월 16일
2쇄 발행 2017년 09월 15일

지은이 유도순
펴낸이 유효성
펴낸곳 도서출판 머릿돌

등록번호 제17-240호
등록일자 1997년 5월 20일
주소 경기도 성남시 분당구 구미로 100
Mobile. 010-9472-8327
http://cafe.daum.net/gusoksa
E-mail yoodosun@hanmail.net / yoohs516@hanmail.net

총판 기독교출판유통
경기도 고양시 일산동구 장대길 74-6
(031) 906-9191

ISBN : 978-89-87600-72-7 (03230)

구속사의 관점에서 본

모세오경 장별 연구

1

창세기 · 출애굽기

유도순 지음

머릿돌

일러두기

T, R(Top, Root) 법칙이라는 것이 있는데, 이는 나무의 윗 부분과 뿌리의 생김이 같다는 이론이다. 구약성경 모세 5경이 뿌리(Root)라면 신약성경의 4개 복음서는 윗 부분(Top)인 나무라 할 수가 있다. 그러므로 모세 5경을 모르고는 복음을 깨달을 수가 없다. 먼저 모세 5경을 깨닫고 신약성경을 대한다면 성경 전체의 맥을 잡게 된다.

이런 맥락에서 본서는 성경을 구속사의 관점에서 새롭게 관찰하였다. 구속사의 관점은 성경을 점(點)으로 보지 않고 선(線)으로 본다. 창세기 3장에서 "세상에 죄가 들어오자, 내가—하리니"(창 3:15) 하고 시작하신 하나님의 구원사역은 마지막 책인 계시록에 이르러, "이루었도다 나는 알파와 오메가요 시작과 끝이라"(계 21:6) 하고 완성하시는 한 편의 복음 계시인 것이다.

그러니까 창세기를 출발한 구원열차가 종착역인 계시록을 향해서 달리고 있는 것에 비할 수가 있다. 이 책은 이러한 구속사의 맥을 붙잡게 해 줄 것이다.

부활하신 주님은 의심하는 제자들에게, "내가 너희와 함께 있을 때에 너희에게 말한 바 곧 모세의 율법(5경)과 선지자의 글과 시편에 나를 가리켜 기록된 모든 것이 이루어져야 하리라 한 말이 이것이라 하시고 이에 그들의 마음을 열어 성경을 깨닫게"(눅 24:44-45) 해주셨다. 그러자 저들의 눈이 밝아지고, 마음이 뜨거워졌다.

이 책은 큐티, 제자훈련 교재와, 특히 새벽, 수요, 금요기도회에 활용할 수 있도록 편찬이 되었다. 참으로 많은 유익이 있을 것을 확신한다.

* 맨 앞에 전체를 한 눈에 바라볼 수 있도록 각 권의 "파노라마"를 실었다. 그런 연후에 장별 연구에 들어가면 전체 문맥 속에서 각 장을 파악하게 되므로 많은 도움이 될 것이다.

* 한 번에 한 장씩을 상고하도록 다루었다. 너무 적은 분량은 구속사의 맥을 붙잡는데 어려움이 있고, 너무 많은 분량은 소화하기에 벅차기 때문이다.

* 각 장에서도 중심적인 말씀만을 붙잡도록 거기에 초점을 맞추었다. 모든 내용을 강해하듯 다루다가는 숲 속에서 길을 잃고 헤매기가 쉽기 때

문이다.

* 먼저 성경 본문 한 장을 전부 읽기 바란다. 함께 읽든지 교독해도 좋을 것이다. 그리고 장의 단원(單元) 나누기를 참고하고, "내용 관찰"을 읽으면 그 장을 통해서 말씀하시고자 하는 구원계시를 깨닫게 될 것이다.

* 각 장의 "적용"은 자신을 돌아보게 할 것이고, 결단하는 기도를 하는데 도움을 줄 것이다.

* 각 장마다 "나누어봅시다" 하는 문제를 세 개씩 제시하였다. 그룹 지도나 큐티할 때 유용할 것이고, 가능하다면 예습해 오게 해서 서로 나누어도 좋을 것이다.

* 저는 이 책을 예수 그리스도와 복음을 증언하기 위해서 썼습니다. 이것은 제가 주님을 처음 만났을 때의 약속입니다.

우리교회 원로 목사 유 도 순

목차

창세기

Genesis

출애굽기 *Exodus*

01 창세기

창세기 파노라마

주제

천지 만물을 창조하신 선하신 하나님,

메시아언약을 세워주신 신실하신 하나님.

창세기를 성경의 못자리라고 말하듯이 창세기에는 모든 성경의 기초와 시작이 수록되어 있습니다. 그러므로 창세기를 모르거나 바로 이해하지 못하고는 나머지 성경의 연관성과 점진성(漸進性)에 대한 맥(脈)을 잡을 수가 없게 됩니다.

창세기는 크게 1장-11장까지와, 12장-50장까지의 두 부분으로 나누어 집니다. 첫 부분은 인류 전체(全體)를 대상으로 삼고 있으며 천지 창조, 인간의 타락, 노아 홍수, 바벨탑 사건 등 4대 사건이 기록되어 있습니다. 둘째 부분은 아브라함의 한 가정(家庭)을 중심으로 아브라함, 이삭, 야곱, 요셉 등 4대 족장의 이야기가 기록되어 있습니다.

창세기를 이해하기 위해서는 기록한 저자와, 기록한 목적과, 중심주제

(主題)가 무엇인가를 파악해야만 합니다. 창세기는 모세에 의해 기록이 되었으며 제1차 독자들은 모세와 함께 출애굽 한 이스라엘 백성들입니다. 그들에게 출애굽이 있기까지의 잊고 있었던 역사적인 배경을 일깨워 주어,

㉠ 자신들을 출애굽 하게 하신 하나님은 천지 만물을 창조하신 선하신 하나님이며,

㉡ 조상(祖上)들에게 언약(言約)하신 바를 지켜 주신 신실하신 하나님이시라는 것과,

㉢ 그리하여 자신들의 정체성을 일깨워주기 위한 것이 기록목적인 것입니다.

창세기의 핵심을 파악하기 위해서 3가지 질문을 제기할 필요가 있습니다.

㉠ 하나님은 태초에 무엇을 행해 주셨는가?

㉡ 이에 대해 사람은 어떻게 보답했는가?

㉢ 그럼에도 불구하고 하나님은 어떻게 행해 주셨는가?

① 첫째, 하나님은 태초에 무엇을 행해 주셨는가? 이것이 1장-2장의 내용입니다.

㉠ 천지 만물을 창조해 주셨습니다. 그것은 맨 마지막으로 지으신 인간이 살아 갈 환경을 조성해 주시기 위해서였습니다. 예배당 건물만 지어 놓았다고 교회가 아니듯이, 천지만물을 창조하셨다고 하나님의 나라가 건설된 것은 아니었습니다. 다스리시는 "왕"이 있다면, 섬기는 "백성"이 있어야 하는 것입니다. 하나님

께서는 사람을 지으시되 자기 형상대로 지으셨습니다. 이렇게 하신 것은 그들을 교제(交際)의 대상으로 지으셨음을 의미합니다.

㉡ 또한 "모든 생물을 다스리라"(창 1:28) 하셨습니다. 이는 하나님을 대리하여 만물을 다르릴 왕적인 권세인 것입니다. 하나님께서는 사람을 만물을 대표하여 하나님을 섬기는 제사장 직분과, 하나님의 대리자(代理者)로서 만물을 다스리게 하시므로 "하나님의 나라"는 건설되었던 것입니다.

하나님께서는 사람을 "왕 같은 제사장"으로 세우셨던 것입니다. 하나님 보시기에 "심히 좋았더라"(1:31) 하셨습니다. 이것이 하나님께서 태초에 행해 주신(1장-2장) 일입니다.

② 둘째, 인간은 어떻게 보답하였는가? 그 내용이 3장-11장까지입니다.

㉠ 이 평화로운 동산에 죄(罪)가 들어오고 죄로 말미암아 사망이 온 것입니다. 인류의 시조가, "네가 먹는 날에는 반드시 죽으리라"(2:17) 하신 하나님의 금령을 불신하고, 이를 범했기 때문입니다. 이점을 호세아 선지자로 말씀하시기를, "언약(言約)을 어긴 것"(호 6:7)이라 하십니다.

㉡ 하나님과 인간의 관계는 언제나 언약의 관계입니다. 언약의 관계란 언약을 믿는 "믿음"의 관계라는 의미이기도 합니다. 그러므로 "언약"(言約)이 없으면 관계(關係)도, 믿음도 성립이 되지 않는 것입니다. "먹지 말라" 하신 금령은 하나님 나라의 법(法)이요, 원시 언약이었던 것입니다. 인류의 시조는 이 언약만을 지키면 하나님과의 관계를 유지해 나갈 수가 있었던 것입니다. 그러나 이를 범함으로 하나님과의 관계는 단절이 되었던 것입니다.

ⓒ 그러므로 "선악과"를 따먹은 행위(行爲) 이전에 하나님의 말씀을 믿었느냐, 믿지 아니 하였느냐 하는 "믿음"이 우선함을 명심해야만 합니다. 그들은 신실하신 하나님의 말씀은 불신한 반면, 사탄의 유혹하는 말을 믿어 그 말에 복종하므로 하나님을 배신(背信)하였던 것입니다. 그것은 마치 아내 하와가 남편 아담을 불신하고 다른 남자를 쫓아간 "음행"과 같은 행위(호 1:2)라고 성경은 말씀합니다.

ⓓ "왕 같은 제사장"으로 세움 받은 인간은 사탄의 노예로 전락을 하고, 인간의 다스림을 받던 피조물들은 탄식하며 고통하기에 이르렀습니다. 사망이 왕 노릇하게 되었고 하나님의 나라는 파괴되고 말았던 것입니다.

"한 사람"으로 말미암아 침입한 죄는 온 세상에 가득하게 되어 홍수심판을 유발케 하였고, 홍수심판 후에도 바벨탑을 쌓는 반역으로 나타납니다. 이것이 하나님의 사랑에 대한 인간의 배은망덕한 보답이었습니다.

③ 셋째, 그럼에도 불구하고 하나님께서는 어떻게 행해 주셨는가? 그 내용이 12장-50장까지입니다.

ⓐ 아브라함에게 메시아 언약을 세워주신 일입니다. 그리고 그 근거(根據)는 인류의 시조가 타락한 현장에서, "내가 너로 여자와 원수가 되게 하고 너의 후손도 여자의 후손과 원수가 되게 하리니 여자의 후손은 네 머리를 상하게 할 것이요 너는 그의 발꿈치를 상하게 할 것이니라"(3:15) 하고 선언하신 원 복음에 근거합니다. 원 복음은 "내가 …… 하리니" 하는 구조(構造)로 되어 있습니다. 인간이 실패한 현장에서 하나님께서는 다시 재창조의 일을 시작하신 것입니다.

㉡ 성경은 문제(問題)에 대한 해답(解答)입니다. "문제"는 언제나 사람이 일으키고 "해답"은 하나님이 자기 아들을 통해서 행해 주셨다는 것이 성경의 증언입니다. 범죄로 말미암아 발생하게 된 문제가 무엇인가? 세 가지로 요약할 수가 있습니다.

㉮ "먹는 날에는 반드시 죽으리라" (2:17) 한 "사망" (死亡)과,

㉯ "내가 벗었으므로 두려워하여 숨었나이다" (3:10) 한 "벌거벗음"과,

㉰ "그 사람을 쫓아내시고" (3:24) 한 하나님 존전에서 "추방" (追放)을 당한 일입니다. 이것이 아담의 후예들이 풀어야 할 세 가지 문제이며, 원 복음은 이에 대한 해답(解答)으로 주어진 것입니다.

④ 원 복음은 세 마디로 되어 있습니다.

㉠ 이제 이후로 인류는 여자의 후손과 뱀의 후손 두 부류(部類)로 갈라지게 될 것이다.

㉡ 그 두 사이에는 원수, 즉 적대감(敵對感)이 있게 될 것이다.

㉢ 종래는 여자의 후손이 뱀의 머리를 상하게 하고 승리(勝利)하게 될 것이다. 사탄은 자신이 여자의 후손에 의해서 정복당하게 될 것을 창세기에서 이미 선고(宣告)를 받았던 것입니다. 그러므로 이제 이후로 펼쳐질 구속사는 여자의 후손을 보내시려는 하나님의 계획과, 이를 발악적으로 저지하려는 사탄의 대적(對敵)으로 나타나는 것입니다.

이 언약의 궁극적인 의미는 여자의 후손, 즉 메시아가 육신을 입고 나타나셔서 뱀의 머리 곧 사탄을 정복하고 인류를 구원하여주시겠다는 약

속입니다. 뱀 곧 사탄은 그의 발꿈치를 상하게 할 것이라 하십니다.

⑤ 그러면 여자의 후손이 어떤 방도(方途)로 뱀의 머리를 상하게 하는가? "사망(死亡)으로 말미암아 사망의 세력을 잡은 자 곧 마귀를 없이 하시며" (히 2:14), 즉 죽으시고 다시 사심을 통해서입니다.

원 복음 안에는 이러한 복음의 비밀이 함의되어 있었던 것입니다. 그래서 주님은 "내가 문이다(요 10:9), 내가 곧 길이요 진리요 생명이니 나로 말미암지 않고는 아버지께로 올 자가 없느니라" (요 14:6), 즉 내가 해답(解答)이라고 말씀하셨던 것입니다.

㉠ 아담은 "원 복음"을 듣고는 "그 아내를 하와라 이름하였으니 그는 모든 산 자의 어머니(생명의 어미)가 됨이더라"(3:20) 합니다. 이는 아담이 원 복음을 이해했음을 나타냅니다. 우리는 이런 말씀을 예사로 여기지만 하나님 존전에서 추방을 당하게 된 절망적인 상황에서 원 복음을 깨닫고는 자기 아내를 "당신은 생명의 어미요" 하고 부르짖었을 아담의 기쁨과 감격이 어떠했을 것인가를 생각해 보시기를 바랍니다.

㉡ 그리고 아담의 믿음은, "믿음으로 아벨은"(히 11:4) 하고 아담의 두 아들 중 아벨로 이어졌음을 말씀해줍니다. 이런 맥락에서 가인이 아우 아벨을 죽인 사건도 여자의 후손의 줄기인 아벨을, 뱀의 후손의 줄기인 가인이 쳐 죽인 것이라는 구속사의 맥락에서 이해되어야만 합니다. 사탄은 메시아가 태어날 계보를 끊으려 하였으나 하나님은 아벨 대신에 "다른 씨로 셋"(4:25)을 주심으로 원 복음을 계승해 나오셨던 것입니다.

⑥ 5장에는 아담의 족보가 나옵니다.

아담으로부터 셋으로 이어져 10대 만에 노아가 태어납니다. 노아의 때에 이르러서는 두 부류로 갈라졌던 줄기가, "하나님의 아들들이 사람의 딸들의 아름다움을 보고 자기들의 좋아하는 모든 자로 아내를 삼는지라" (6:2), 즉 두 부류가 성적(性的)인 결합을 통해서 하나로 합쳐지고 말았던 것입니다. 언제나 합쳐질 위험이 있는 것은 여자의 후손이 뱀의 후손 쪽으로 합쳐지는 것입니다. 이것이 세속(世俗)화입니다.

㉠ 이 세속화가 홍수심판이 임하게 된 배경이기도 합니다. "믿음으로 노아는—세상을 정죄하고 믿음을 좇는 의의 후사(後嗣)가 되었느니라"(히 11:7), 즉 그리스도가 탄생하게 될 대를 잇는 자가 되었다는 뜻입니다.

그러므로 홍수심판은 "죄악이 세상에 가득함" (6:5)에 대한 심판일 뿐만 아니라, 메시아가 태어날 의로운 씨를 보존(保存)하시려는 하나님의 구원계획의 일환이었던 것입니다. "물로 말미암아 구원을 얻은 자가 몇 명뿐이니 겨우 여덟 명이라" (벧전 3:20) 하신 말씀을 통해서 당시의 위기 상황을 인식하게 됩니다. 하나님이 개입하시지 않으셨다면 어찌 되었을 것인가?

㉡ 여자의 후손은 노아의 세 아들 중 "셈의 하나님 여호와를 찬송하리로다"(9:26) 하고 셈을 통하여 계승될 것이 예언이 되고, 11:10절에서 "셈의 후예는 이러하니라" 하고 그 계열에서 아브람이 태어나게 됩니다.

⑦ 구속사의 맥은 아담, 셋, 노아, 셈, 아브람으로 이어져 내려왔습니다. 하나님은 아브람을 부르셔서 "첫 복음"에서 언급하셨던 "여자의 후

손"에 대한 계시를 구체화(具體化)시켜 나가십니다. 하나님은 아브라함에게 언약을 다섯 차례나 반복적으로 세워주시는데, 언약의 내용은,

㉠ 자손을 주리라.

㉡ 땅을 주리라.

㉢ 천하 만민이 네 자손을 인하여 복을 얻으리라는 것입니다.

이 언약이 일차적으로는 아브라함에게 이삭이 주어지고, 자손이 번성하여 가나안을 정복하므로 성취됩니다만, 궁극적인 성취는 아브라함의 자손으로 메시아를 보내주실 것과, 그를 통해서 천하 만민이 구원의 복을 얻을 것과, 그들에게 영적 가나안인 하늘나라 기업이 주어질 것을 의미합니다.

㉣ 이 언약을 신약성경에서는, "하나님이 이방을 믿음으로 말미암아 의로 정하실 것을 성경이 미리 알고 먼저 아브라함에게 복음을 전하되 모든 이방이 너로 말미암아 복을 받으리라 하였느니라"(갈 3:8) 하고, "복음"(福音)이라고 말씀합니다.

㉤ 하나님은 언약에 자신을 담보(15:17)하시고, "맹세"(22:16)로 보증해주십니다. 이 언약이 아브라함과, 이삭(26:3-4)과, 야곱(28:13-15)에게로 계승(繼承)되어 나갑니다. 그리고 야곱의 12아들 중 메시아는, "규가 유다를 떠나지 아니하며 치리자의 지팡이가 그 발 사이에서 떠나지 아니하시기를 실로가 오시기까지 미치리니"(49:10) 하고, 유다 지파에서 나실 것이 예언되어 있습니다.

이상이 12장-50장까지의 줄거리입니다. 이것이 하나님을 배신하고 타락한 인간에게 세워주신 하나님의 은혜 곧 메시아 언약입니다.

⑧ 창세기 15:6절에서 "아브람이 여호와를 믿으니 여호와께서 이를 그의 의로 여기시고" 했는데 아브라함이 무엇을 믿었다는 것입니까? 하나님 자신입니까? 아브라함은 그 이전부터도 하나님을 믿었습니다. 아브라함이 믿었다는 것은 "네 자손이 이와 같으리라"(15:5) 하신 언약, 즉 복음을 믿은 것입니다.

㉠ 아브라함도 복음을 믿고 의롭다 함을 얻었다(롬 4:3)는 것을 창세기를 통해서 깨닫게 된다는 것은 성경이 한편의 복음임을 증언해줍니다. 그래서 주님은 "너희 조상 아브라함은 나의 때 볼 것을 즐거워하다가 보고 기뻐하였느니라"(요 8:56) 하고 말씀하신 것입니다.

㉡ 하나님께서는 야곱에게, "네 아비의 하나님이니 애굽으로 내려가기를 두려워 말라, 너를 인도하여 다시 올라올 것이며"(46:3, 4) 하고 애굽으로 내려 보내십니다. 이는 출애굽을 통해서 영적 출애굽을 계시하시려는 계획이 있으셨기 때문입니다.

⑨ 하나님께서는 창세기를 통해서 자기 자신을 계시해 주고 계시는데,

㉠ 창조 사역을 통해서는 천지 만물을 창조하시고 주관하시는 전능의 하나님으로(1장-2장),

㉡ 인류의 시조가 타락한 현장에서 원 복음을 주신 은혜의 하나님으로(3장-4장),

㉢ 홍수 심판을 통해서는 공의의 하나님으로(6장-9장),

㉣ 바벨탑 사건을 통해서는 통치하시는 하나님으로(10장-11장),

㉤ 아브라함에게 세워주신 메시아언약을 통해서는 언약의 하나님으로,

㉥ 이삭의 태어남을 통해서는 약속을 지켜주시는 신실하신 하나님으로,

ⓢ 야곱을 선택하심을 통해서는 주권적으로 택정하시는 하나님으로,

ⓞ 요셉의 생애를 통해서는 배후에서 역사하시고 섭리하시는 하나님으로 계시해 주고 있습니다.

⑩ 요셉은 이렇게 말합니다.

"당신들은 나를 해하려 하였으나 하나님은 그것을 선으로 바꾸사 오늘과 같이 만민의 생명을 구원하게 하시려 하셨나니" (50:20), 이는 창세기를 요약해줌과 동시에 하나님의 구원계획을 요약해주는 말이기도 합니다. 사탄은 계속적으로 죽이고 멸망시키려 하나, 하나님은 그 때마다 악을 선으로 바꾸셔서 만민을 구원하시려는 계획을 이루어 오셨던 것입니다.

㉠ 창세기는 요셉을 입관(入棺)하는 것으로 끝이 납니다. "한 사람으로 말미암아 세상에 죄가 들어오고 죄로 말미암아 사망이 왔나니"(롬 5:12) 하신 대로 아담도 죽었고, 노아도, 아브라함도, 이삭도, 야곱도, 요셉도 죽었습니다. 그러나 그들은 "나는 죽을 것이나 하나님은 당신들을 돌보시고 다신들을 이 땅에서 인도하여 내사 아브라함과 이삭과 야곱에게 맹세하신 땅에 이르게 하시리라"(50:24) 하고 하나님의 약속(約束)을 자손들에게 계승시켜 주었던 것입니다.

㉡ 이점을 신약성경에서는, "이 사람들은 다 믿음을 따라 죽었으며 약속을 받지 못하였으되 그것들을 멀리서 보고 환영하며 또 땅에서는 외국인과 나그네로라 증언"(히 11:13)하였다고 말씀합니다.

형제여! 그들은 약속을 받지 못하고 죽었으나 우리는 약속이 성취(成就)된 이후의 시대를 살아가고 있으면서 창세기를 상고하고 있습니다.

우리에게도 하나 남은 약속이 있습니다. 그것은, "내가 너희를 위하여 처소를 예비하러 가노니 가서 너희를 위하여 처소를 예비하면 내가 다시 와서 너희를 내게로 영접하여 나 있는 곳에 너희도 있게 하리라" (요 14:2-3) 하신 두 번째 나타나심(재림)입니다.

지금까지 언약하신 바를 지켜주신 신실하신 하나님이 하나 남은 약속도 지켜주심으로, "내가— 하리라" (3:15) 하고 시작하신 바를, "이루었도다 나는 알파와 오메가요 처음과 나중이라" (계 21:6) 하고 완성(完成)하실 것을 확신할 수가 있는 것입니다.

천지 만물을 창조하여 주신 선하신 하나님, 언약하신 바를 지켜 주시는 신실하신 하나님을 찬양하십시다.

나누어봅시다

1, 창세기는 어떻게 세 부분으로 나누어지며 4대 사건과 4대 족장은 누구입니까?

2, 아브라함, 이삭, 야곱에게 세워주신 언약의 세 가지는 무엇입니까?

3, 하나님은 창세기를 통해서 어떠한 하나님으로 계시해 주고 있습니까?

1장

창조주 하나님

첫째 날(1–5) 빛이 있으라 하심

둘째 날(6–8) 궁창을 나누심

셋째 날(9–13) 뭍이 드러나게 하심

넷째 날(14–19) 두 큰 광명 체로 주관케 하심

다섯째 날(20–23) 하늘과 바다를 채우심

여섯째 날(24–31) 땅을 각양 생물로 채우심

내용 관찰

1장은 크게 두 가지 주제로 되어 있는데 첫째는, "천지와 만물을 창조하신 것이고" (1-25), 둘째는 "사람을 지으신" (26-31) 일입니다. 1장에는 "하나님"이라는 칭호가 31번이나 등장하는데 이 칭호는 창조와 결부되는 칭호입니다. 그러므로 1장의 중심점은 천지 만물을 창조하신 데 있습니다. "사람"은 2장의 중심이 되고, 하나님의 칭호도 "여호와 하나님"으로 진전을 하게 됩니다.

창조사역을 살펴보면 첫째, 둘째, 셋째 날에는 그릇을 만드시고, 넷째, 다섯째, 여섯째 날에는 그 그릇에다가 충만하게 채우시는 구조로 되어 있습니다. 하나님께서는 천지만물을 창조하신 후에 맨 마지막으로 인간을 창조하셨는데, 이렇게 하신 의도는 먼저 사람이 살아갈 환경을 마련해 주시기(사 45:18) 위해서였습니다. 그러니까 천지만물이라는 그릇에다가 사람으로 충만하게 채우시려는 의도입니다.

사람을 지으시되 하나님의 형상대로(27) 지으셨다고 말씀합니다. 이는 사람을 교제의 대상으로 지으셨음을 의미합니다. 이것은 제사장(출 19:6)적인 축복입니다.

그리고 "생육하고 번성하여 땅에 충만하라, 땅을 정복하라, 바다의 물고기와 하늘의 새와 땅에 움직이는 모든 생물을 다스리라" (28) 하셨습니다. "다스리라" 하심은 왕적인 축복입니다. 여기에 사람을 지으신 의도가 분명히 드러나는데, 만물을 대표하여 하나님을 섬기며, 하나님을 대리하여 만물을 다스리게 하기 위해서입니다. 한마디로 "왕 같은 제사장"의 복을 주신 것입니다.

죄로 말미암아 첫째 아담이 상실한 "왕 같은 제사장"의 복을 마지막 아담으로 오신 그리스도께서 회복시켜주셨다는 것이 구속사의 맥락인 것입니다. "하나님이 그 지으신 모든 것을 보시니 보시기에 심히 좋았더라" (31) 합니다. 하나님의 나라가 건설이 된 것입니다.

이점에서 유념해야 할 점은 하나님의 구원계획은 "만물을 창조하신 하나님 속에 감추어졌던 비밀의 경륜" (엡 3:9)이라는 점입니다. 그러므로 첫 창조 속에 재창조의 경륜이 이미 반영이 되어 있다는 점입니다.

그러므로 바울은, "하나님이 이르시되 빛이 있으라 하시매 빛이 있었다" (3)는 말씀에서, "어두운데서 빛이 비취리라 하시던 그 하나님께서 예수 그리스도의 얼굴에 있는 하나님의 영광을 아는 빛을 우리 마음에 비취셨느니라" (고후 4:6) 하고, 복음의 빛을 보고 있는 것입니다. 그렇다면, "땅이 혼돈하고 공허하며 흑암이 깊음 위에 있고" (2) 한 상태는 복음의 빛이 비취기 이전의 심령상태를 나타낸다 하겠습니다.

"흑암"에 잠겨 있던 우리 심령에 복음의 빛을 비춰주시고, "수면에 운행하시니라" (2하) 하던 하나님의 영을 우리 안에 임하게 하신 하나님을 찬양하십시다. 또한 우리는 제사장으로서 하나님을 섬기고, 세상을 향하여는 하나님의 나라 확장을 위한 왕적인 권세로 보냄을 받는다는 점을 명심하십시다.

적용

첫 시조가 상실한 "제사장적, 왕적" 축복을 그리스도의 구속으로 말미암아 "왕 같은 제사장"으로 회복시켜주셨습니다. 세상을 향해서는 왕 노릇하고, 하나님께는 "기쁘게 받으실 신령한 제사를 드릴 거룩한 제사장" 임을 명심하십시다.

나누어봅시다

1, 천지만물을 지으신 목적이 무엇입니까?

2, 인간에게 주신 두 가지 축복이 무엇입니까?

3, 하나님이 "보시기에 심히 좋았더라" 하심은 무엇을 의미합니까?

2장
사랑의 언약을 맺어주신 하나님

첫째 단원(1–3) 안식하심
둘째 단원(4–14) 에덴동산을 창설하심
셋째 단원(15–17) 먹는 날에는 반드시 죽으리라
넷째 단원(18–25) 돕는 배필을 지으리라

내용 관찰

2장의 중심점은 "사람"에 맞춰져 있습니다. "생기를 불어 넣으셔서 생령이 되게" 하시고, 에덴을 창설하사 그 지으신 사람을 거기 두시고, 아담에게 배필을 짝지어 주시는 참으로 선하신 하나님을 계시해 줍니다. 이처럼 선하신 하나님께서, "선악을 알게 하는 나무의 열매는 먹지 말라 네가 먹는 날에는 반드시 죽으리라" (17) 하고 금하신 이유가 무엇일까요?

호세아 6:7절에서는, "그들은 아담처럼 언약을 어기고 거기에서 나를 반역하였느니라" 하고, "언약"이었다고 말씀합니다. 하나님과의 관계는 언약의 관계입니다. 언약의 관계란 언약을 믿는 믿음의 관계인 것입니다. 그러므로 "언약"이 없으면 하나님과의 관계도 믿음도 성립이 되지 않는 것입니다.

1장에서 아담에게 하나님을 섬기며 만물을 다스릴 권세가 주어졌음을 보았습니다. 그런데 만일 언약을 주심이 없다면 아담이 하나님께 자발적으로 순종하며 복종하는 여부를 무엇으로 판단할 수가 있겠습니까? 그러므로 나라의 요건은, "왕, 백성, 법"이 있어야만 합니다. "선악을 알게하는 나무의 실과는 먹지 말라" 하신 금령은 원시언약이자, 하나님나라의 법이었던 것입니다. 하나님께서는 언약(법)을 통해서 다스리시는데, 아담 하와가 이를 범했다는 것은 하나님의 통치를 받지 않겠다고 반역한 행위였던 것입니다.

성경에서 문맥은 생명선과 같습니다. "먹는 날에는 반드시 죽으리라"는 금령이 아담에게 "배필을 지으리라"(18)는 말씀과 결부가 되어 있는 문맥이라는 점을 주목하시기를 바랍니다. 그러니까 하나님과—아담, 아담과—하와의 관계가 대칭을 이루고 있는 것입니다. 그렇다면 의미는 분명해진 것입니다. 아담이 하와만을 사랑하고, 하와도 아담만을 사랑해야 하듯이, "선악과"는 먹지 말라 하신 금령은 백성 된 우리도 하나님만을 사랑하겠다는 "사랑의 언약"이었던 것입니다. 그래서 "먹는 날에는 반드시 죽으리라", 즉 네가 정절을 지키지 않는다면 이혼이다 하신 것입니다.

실제로 하나님께서는 "내가 그들의 남편이 되었어도 그들이 내 언약을 파하였다"(렘31: 32) 하고 말씀하십니다. 야고보서 4:4절에서는 "간음하는 여자들이여" 합니다. 누가 그렇다는 겁니까? 세상을 사랑하는 것이 하나님께 대하여 간음함과 같다는 것입니다. 하나님은 질투하시는 하나님, 시기하기까지 우리를 사모하시는 하나님이십니다.

"선악과"는 옛날이야기만이 아니라, "내가 너희를 정결한 처녀로 한 남편인 그리스도께 드리려고 중매함이로다 그러나 나는 뱀이 그 간계로 하와를 미혹한 것 같이 너희 마음이 그리스도를 향하는 진실함과 깨끗함에서 떠나 부패할까 두려워하노라"(고후 11:2-3) 하는, 오늘 우리들의 문제라는 점을 명심해야만 합니다.

적용

하나님과의 관계는 언약의 관계입니다. "먹으면 반드시 죽으리라" 하신 해답으로 주님은, "내 살을 먹고 내 피를 마시는 자는 반드시 살리라" 하십니다. 망극하신 사랑에 대한 보답은 사랑뿐입니다.

나누어봅시다

1, 하나님의 선하심이 어떻게 계시되어 있습니까?

2, 금단의 실과에 담긴 의미가 무엇입니까?

3, 하나님과 인간과의 관계성은 무엇으로 성립이 됩니까?

3장
원복음을 주신 하나님

첫째 단원(1–7) 사탄의 유혹에 넘어짐
둘째 단원(8–13) 두려워 숨었나이다
셋째 단원(14–19) 내가...하리라
넷째 단원(20–21) 생명의 어미와 가죽옷
다섯째 단원(22–24) 추방을 당함

내용 관찰

2장에서 세워주신 사랑의 언약이 3장에 와서 깨지는 것을 대하게 됩니다. 인류의 시조를 유혹했던 "뱀"의 정체를, "용을 잡으니 곧 옛 뱀이요 마귀요 사탄이라"(계 20:2) 합니다. 아담 하와는 하나님의 말씀을 불신하고 사탄의 말을 믿었습니다. 하나님의 사랑을 의심한 것입니다. 사랑을 의심하는 것보다 하나님을 슬프시게 하는 일이란 달리는 없는 것입니다.

"반드시 죽으리라" 하신 대로 아담 하와는 하나님에게서 분리되었으며 추방을 당하게 되었고, 아담의 후예들은 분리된 상태에서 태어나게 된 것입니다. 이것이 원죄입니다. 그리하여 하나님은 백성을 잃어버렸고, "보시기에 심히 좋았더라" 한 하나님의 나라는 파괴되고, 사망이 왕 노릇하기에 이른 것입니다.

하나님께서는 "내가 너로 여자와 원수가 되게 하겠다"는 "원복음"을 세워주셨습니다. 원복음은 "내가… 하리라"는 구조로 되어 있는데 핵심은 "여자의 후손"으로 하여금 사탄을 정복하게 하시겠다는 말씀에 있습니다. 사탄은 자신이 "여자의 후손"에 의하여 멸망 당할 것을 창세기 3장에서 선고를 받은 것입니다.

그런데 이것이 어떻게 "원복음"이 되는가? 사탄의 멸망은 그에게 종 노릇하던 자들의 해방 곧 구원을 의미하기 때문입니다. 아담은 "원복음"을 듣고, "아담이 그의 아내의 이름을 하와라 불렀으니 그는 모든 산 자의 어머니가 됨이더라"(20) 합니다. 이는 아담이 원복음을 이해했다는 것이 됩니다.

"원복음"은 세 마디로 되어 있는데 , 뱀의 후손과 여자의 후손 두 부류로 갈라지게 되리라 , 두 사이에는 적대감이 있을 것이다. , 종래는 여자의 후손이 뱀의 머리를 상하게 할 것이라는 말씀입니다.

여자의 후손이란 "때가 차매 하나님이 그 아들을 보내사 여자에게 나게 하시고"(갈 4:4) 한, 그리스도를 가리키는 말씀인데, "죽음을 통하여 죽음의 세력을 잡은 자 곧 마귀를 멸하시며 또 죽기를 무서워하므로 한평생 매여 종노릇하는 모든 자들을 놓아 주려 하심이니"(히 2:14-15)에서 성취가 되었던 것입니다.

끊어졌던 하나님과의 관계가 "원복음"으로 이어지게 되었고, 이를 믿고 구원을 얻은 대표자가 다음 장에서 보게 될 "아벨"인 것입니다. 하나님께서는 아담 하와를 추방하시기 전에 "가죽옷"(21)을 지어 입혀주셨는데 이는 "의의 옷"을 입혀주어 돌아오게 하실 복음에 대한 예표라 할 수가 있습니다. 이점을 다음 장에서 확인하게 될 것입니다. 원복음을 세워주신 하나님을 찬양하십시다.

적용

하나님과 형제와의 관계를 유지시켜주는 언약은 주님의 피로 세워주신 "새 언약"입니다. 주님의 가죽을 벗기듯 하셔서 입혀주신 "의의 옷"을 더럽히지 않도록 삼가고 조심하십시다.

나누어봅시다

1, 유혹한 뱀의 정체는 무엇입니까?

2, 원 복음의 내용이 무엇입니까?

3, 이제 이후로 하나님과의 관계는 어떻게 유지하게 되었습니까?

4장

다른 씨를 주신 하나님

첫째 단원(1-7) 두 부류로 갈라짐
둘째 단원(8-15) 가인이 아벨을 죽임
셋째 단원(16-24) 가인의 계보
넷째 단원(25-26) 다른 씨를 주심

내용 관찰

4장의 중심은 가인과 아벨이 예배를 드렸는데 "아벨과 그의 제물은 받으신" 반면, 가인은 받지 않으셨다는데 있습니다. 그래서 가인이 아벨을 쳐 죽였다는 것입니다.

이는 3:15절의 선언이 아담의 자손 대에서, "받으심과 받지 아니하심", 즉 여자의 후손과 뱀의 후손 두 부류로 갈라지게 되었고, 가인이 아벨을 죽이는 적대감으로 나타나고 있는 것을 보여주고 있는 것입니다.

그러므로 가인이 아벨을 쳐 죽인 것은 형이 아우를 죽였다는 단순한 살

인사건이 아니라 여자의 후손의 줄기에서 메시아가 탄생하시지 못하게 하려는 사탄의 대적행위로 보아야만 합니다.

"아벨과 그의 제물은 받으셨다"는 말씀을 구속사라는 맥락으로 보면 "큰 기쁨의 좋은 소식" 곧 복음인 것입니다. 왜냐하면 3장 마지막 절에서, "쫓아 내시고" 한, 추방에 대한 해답이기 때문입니다.

그러므로 "아벨과 그의 제물은 받으셨다"는 말씀은 아벨 한 사람에게 국한된 것이 아니라, 하나님 존전에서 추방을 당한 원죄 하에 있는 자들이 어떻게 하나님께 나아가게 되며 받아주심이 가능하게 되는가를 보여주는 우리 모두의 사활이 걸려 있는 말씀인 것입니다.

이점을 복음이 밝히 드러난 신약성경은 해설해주기를, "믿음으로 아벨은 가인보다 더 나은 제사를 하나님께 드림으로 의로운 자라 하시는 증거를 얻었으니 하나님이 그 예물에 대하여 증언하심이라"(히 11:4), 즉 "의롭다 함"을 얻었기 때문에 받아주심이 가능해졌다고 말씀합니다.

그러면 아벨이 어떻게 해서 "의로운 자"라는 증거를 얻었는가? "원복음"을 믿었기 때문인 것입니다. 성경은 "사람이 의롭게 되는 것은 율법의 행위로 말미암음이 아니요 오직 예수 그리스도를 믿음으로 말미암는 줄 알므로 우리도 그리스도 예수를 믿나니 이는 우리가 율법의 행위로써가 아니고 그리스도를 믿음으로써 의롭다 함을 얻으려 함이라 율법의 행위로써는 의롭다 함을 얻을 육체가 없느니라"(갈 2:16) 하고 말씀합니다.

만일 아벨이 다른 방도에 의해서 의롭다 함을 얻었다고 말한다면, "내가 하나님의 은혜를 폐하지 아니하노니 만일 의롭게 되는 것이 율법으로 말미암으면 그리스도께서 헛되이 죽으셨느니라"(갈 2:21), 첫째는 "하나님의 은혜를 폐하는 것"이 되고 둘째는, "그리스도의 죽음을 헛된 죽음으로" 만드는 것이 된다는 것입니다. 이미 의롭다 함을 얻는 길이 있는데 또 죽으신 것이 되기 때문입니다. 아닙니다. 신 구약을 막론하고 "천하 인간에 구원을 얻을 다른 이름을 주신 일이 없다"고 말씀합니다.

그렇다면 여자의 후손의 줄기가 된 아벨을 죽였으니 "여자의 후손"의 약속은 어찌되는가? 아담은 아들을 낳고, "하나님이 내게 가인이 죽인 아벨 대신에 다른 씨를 주셨다"(25) 하고 이름을 "셋"이라 했다고 말씀합니다. 그리고 셋의 후손들은 "비로소 여호와의 이름을 불렀더라"(26) 하고 여자의 후손의 줄기가 이어지게 되었음을 보여주고 있습니다. "다른 씨를 주신" 하나님을 찬양하십시다.

적용

그리스도인들에게는 두 가지 축복이 주어지는데 첫째는, 한 알의 밀로 말미암아 퍼지게 된 "썩지 아니할 씨"로 거듭나는 중생이고, 벌거벗은 자와 같은 우리에게 의의 옷을 입혀주신 "칭의"입니다.

나누어봅시다

1, 아벨과 그의 제사가 받아 드려진 근거는 무엇입니까?

2, 가인이 아벨을 쳐 죽인 구속사적 의미가 무엇입니까?

3, 하나님께서는 어떻게 대처하셨습니까?

5장

아담 자손의 계보

첫째 단원(1-27) 아담의 계보
둘째 단원(28-32) 저주로부터 안위하리라

내용 관찰

5장은 "이것은 아담의 계보를 적은 책이니라" (1), 즉 "여자의 후손"의 계보로 시작이 됩니다. 그런데 계보의 초점이 셋의 줄기(6)에서 태어나는 "노아"에 맞춰져 있는데 아버지 라멕이, "이름을 노아라 하여 이르되 여호와께서 땅을 저주하시므로 수고롭게 일하는 우리를 이 아들이 안위하리라" (29) 하고, "노아"라 했다는 것입니다.

이는 당시의 시대상을 반영해주는 것으로 첫째는, 여자의 후손들이 타락하고 있었다는 점을 나타내고, 둘째는 "안위 자", 즉 메시아를 기다리고 있었다는 점을 말해줍니다. 그리스도께서 초림하셨을 때도 안위를 기다리던(눅 2:25) 때였습니다. 또한 지금 이 시대가 더욱 안위를 기다리는 시대라 하겠습니다. "사람들이 자기를 사랑하며 돈을 사랑하며, 쾌락을 사랑하기를 하나님 사랑하는 것보다 더"(딤후 3:2, 4)할지라도 낙망하지 마십시다. 예수 그리스도께서는 믿는 자들을 안위하시러(살후 1:7) 다시 오십니다.

창세기에는 많은 족보가 나오는데 궁극적으로는, "여자의 후손"이 어떻게 이어져 내려와서 예수 그리스도로 성취가 되었는가를 보여주려는 것입니다. 5장의 족보는 4:16절 이하에 등장하는 가인의 계보, 즉 "뱀의 후손"과 대조를 이루고 있습니다. 창세기는 계속적으로 두 부류를 대조해서 보여주는데 유념할 점은 "뱀의 후손"의 줄기를 먼저 언급하고 있다는 점입니다.

이렇게 하는 의도가 무엇인가? 원죄 하에서 태어나는 자는 모두 다 "뱀의 후손"이 될 수밖에 없는 자들입니다. 그런데 어떻게 해서 "여자의 후손"의 줄기가 나타나게 되는가? 이점을 "에서와 야곱"을 들어서 계시하십니다.

"리브가가 우리 조상 이삭 한 사람으로 말미암아 임신하였는데 그 자식들이 아직 나지도 아니하고 무슨 선이나 악을 행하지 아니한 때에 택하심을 따라 되는 하나님의 뜻이 행위로 말미암지 않고 오직 부르시는 이로 말미암아 서게 하려 하사"(롬 9:10-11), 즉 하나님의 "택하심을 따라" 된다는 것입니다.

우리 모두는 멸망 받아 마땅한 자들이었는데, "택하여 주심으로" 여자의 후손의 부류에 속하게 되었다는 점을 나타내고 있는 것입니다.

이점에서 주목하게 되는 것은 "여자의 후손"을 말할 때는 향수한 나이를 말하는 반면에 가인의 계보에서는 침묵하고 있다는 점입니다. 왜냐하면 "여호와 앞을 떠나 나가"(4:16) 제멋대로 사는 삶은 계수할 가치가 없기(사 2:22) 때문입니다.

가인의 후예들은 성을 쌓고(4: 17) 각종 세속문화를 발전시켜 나가고 있음을(20-22) 보여줍니다. 그러나 셋의 후예들은 "하나님과 동행"(5: 22, 24) 하는 삶을 살았다고 말씀합니다.

가인의 후예가 이룩한 세속문화란, "이는 세상에 있는 모든 것이 육신의 정욕과 안목의 정욕과 이생의 자랑이니 다 아버지께로부터 온 것이 아니요 세상으로부터 온 것이라"(요일 2:16) 합니다. 그런데 세속문화로 말미암아 여인의 후손들이 타락하고 부패하여 세속화가 되었던 것입니다.

적용

"말세에 고통하는 때가 이르리니" 한대로, 물질문명, 세속문명은 단말마적으로 판을 치고 있습니다. 그리하여 오늘의 시대가 더욱 안위를 기다리는 시대입니다. 형제가 안위자가 되시기를 바랍니다.

나누어봅시다

1, 가인과 셋의 계보의 상이점은 무엇입니까?

2, 세속 문명은 어느 줄기를 통해서 발전해 내려왔습니까?

3, 라멕은 왜 아들의 이름을 노아라 했습니까?

6장
방주를 예비하라

첫째 단원(1-8) 죄악이 가득함

둘째 단원(9-22) 끝 날이 이르렀으니

내용 관찰

노아 당시의 시대 상은, "하나님의 아들들이 사람의 딸들의 아름다움을 보고 자기들이 좋아하는 모든 여자를 아내로 삼는지라" (2), 즉 여자의 후손들이 성(性)을 통해서 뱀의 후손들과 합해지고 있었습니다. 언제나 합해지고 있는 것은 하나님의 자녀들이 세상과 합해지는 세속화입니다.

"하나님이 노아에게 이르시되 모든 혈육 있는 자의 포악함이 땅에 가득하므로 그 끝날이 내 앞에 이르렀으니 내가 그들을 땅과 함께 멸하리라" (13) 하십니다. "그러나 그들의 날은 백이십 년이 되리라" (3) 하고, 120년의 유예기간, 즉 "노아는 여호와께 은혜를 입었더라" (8) 한, 은혜받을 기회를 주시겠다 하십니다.

6장의 중심점은 심판에 앞서서, "그러나 너와는 내가 내 언약을 세우리니 너는 네 아들들과 네 아내와 네 며느리들과 함께 그 방주로 들어가라" (18) 하신 말씀에 있습니다. 여기 사활이 걸려 있는 "그러나"가 있습니다. "그러나" 라는 말은 앞에서 한 말을 뒤집는 뜻입니다. "내가 세상을 홍수로 멸하리라 <그러나> 방주에 들어오면 살리라"는 뜻인 것입니다. 그리하여 노아는 방주를 지으면서 "심판이 임합니다. 방주에 들어와야 삽니다" 하고 "의를 전파" (벧후 2:5) 했다고 말씀합니다.

노아의 전도를 듣고 회개하고 방주에 들어왔다면 그도 은혜 안으로 들어온 것이 되는 것입니다. 이점에서 명심해야 할 점은 하나님의 의도는 "심판하시고, 멸하시려는" 것이 아니라, "여자의 후손"을 보내셔서 사탄을 정복하게 하고 구원하시려는 데 있다는 점입니다. 그런데 문제는 "여자의 후손"이 전멸 될 위기에 놓였기 때문에 "상속자"를 보존하시기 위해서 심판이 불가피했던 것입니다.

주님은 "노아의 때와 같이 인자의 임함도 그러하리라" (마 24:37) 하십니다. 이런 맥락에서 "방주"는 그리스도의 모형이요, 이제는 교회로 적용이 되는 것입니다.

이점에서 유념해야 할 점은, "네가 만들 방주는 이러하니" (15) 하고, 식양(式樣)을 정해주셨다는 점입니다. 성막을 지으라 명하실 때에도, "무릇 내가 네게 보이는 모양(式樣)대로 장막을 짓고 기구들도 그 모양을 따라 지을지니라" (출 25:9) 하셨습니다. 6장은 "노아가 그와 같이 하여 하나님이 자기에게 명하신 대로 다 준행하였더라" (22) 하고 마치고 있습니다. 그러므로 교회도 하나님의 말씀대로 섬겨야만 하는 것입니다.

적용

지금은 은혜 받을 때요, 구원의 날입니다. <그러나> 최후심판의 날이 다가오고 있습니다. 주님께서도 "너희는 예비하고 있으라" 하십니다.

나누어봅시다

1, 노아 당시 여자의 후손들의 신앙 상태는 어떠했습니까?

2, 홍수로 심판하시는 의도가 무엇입니까?

3, "너와는 언약을 세우리라" 하신 언약이 무엇입니까?

7장
방주로 들어가라

첫째 단원(1-12) 노아의 가족이 방주로 들어감
둘째 단원(13-24) 들어가매 문을 닫으심

내용 관찰

7장의 중심점은, 노아는 "방주 안으로 들어갔고"(7), 하나님께서는 "문을 닫으시니라"(16) 한 말씀에 있습니다. 노아가 명하신 대로 방주 안으로 "들어갔다"는 것은 언약 안으로 들어갔다는 것이고, 하나님께서 "그를 들여보내고 문을 닫으시니라" 한 것은, 때가 찬 하나님의 주권에 속하는 것입니다.

"들어감"이 7번이나 등장합니다. 이런 맥락에서 6장의 초점이 "쓸어버리되(7), 멸하리라(13), 멸절하리니"(17) 하신 심판에 맞춰져 있다면, 7장의 초점은, "들어감"이라는 "구원"에 맞춰져 있다는 점을 분별하시기 바랍니다. 이제 때가 차매 하나님은 "너와 네 온 집은 방주로 들어가라"

(1) 하고 명하십니다. "노아는 아들들과 아내와 며느리들과 함께 홍수를 피하여 방주에 들어갔고(7), 그 날에 노아와 그의 아들 셈, 함, 야벳과 노아의 아내와 세 며느리가 다 방주로 들어갔고" (13) 합니다.

모든 금수들이 "들어갔으며" (9), "무릇 생명의 기운이 있는 육체가 둘씩 노아에게 나아와 방주로 들어갔으니 (15), 들어간 것들은 모든 것의 암수라" 합니다. 그런 후에, "하나님이 그에게 명하신 대로 들어가매 여호와께서 그를 들여보내고 문을 닫으시니라" (16) 합니다.

그들이 어디에 들어갔다는 말입니까? 방주로 들어갔습니다. 방주란 상자란 말인데 언약궤와 같은 의미를 갖고 있습니다. 훗날 모세도 갈대 상자(방주)를 통해서 구원을 얻게 됩니다. 출애굽 당시는 유월절 어린양의 피를 뿌린 문 안에 들어감으로 구원을 얻게 됩니다.

그들은 모두 "언약" 안으로 들어간 것입니다. 이것이 구원을 얻는 비결입니다. 23절을 보시시오. "지면의 모든 생물을 쓸어버리시니 곧 사람과 가축과 기는 것과 공중의 새까지라 이들은 땅에서 쓸어버림을 당하였으되 오직 노아와 그와 함께 방주에 있던 자들만 남았더라" 하고 말씀합니다. 어디에 있던 자만 남았더라 합니까? "방주 안에 있던 자만"입니다.

신약 성경에서는 이렇게 말씀합니다. "그러므로 이제 그리스도 예수 안에 있는 자에게는 결코 정죄함이 없나니 (롬 8:1), 주 예수를 믿으라 그리하면 너와 네 집이 구원을 얻으리라(행 16:31) 하십니다.

적용

형제와 형제의 온 가족은 언약의 방주에 들어가 있습니까? 혹 밖에 있는 자는 없습니까?

나누어봅시다

1, 7장의 핵심 단어는 무엇이며 그것은 무엇을 의미합니까?

2, "여호와께서 그를 닫아 넣으시니라" 에서 무엇을 깨닫게 됩니까?

3, 심판과 구원 중 어는 것이 먼저입니까?

8장

번제와 저주하지 아니 하리라

첫째 단원(1-19) 방주에서 나왔더라
둘째 단원(20-22) 번제를 드렸더라

내용 관찰

8장은 노아가 가족들과 함께 방주에서 나오는 내용입니다. 7장에서는 "들어가고, 들어갔더라" 했는데 8장에서는, "너는 네 아내와 네 아들들과 네 며느리들과 함께 방주에서 나오고(16), 노아가 그 아들들과 그의 아내와 그 며느리들과 함께 나왔고(18), 새도 그 종류대로 방주에서 나왔더라" (19) 합니다.

중심점은 홍수 후에 하나님께서, "다시 멸(저주)하지 아니하리니" (21) 하신 말씀에 있습니다. 그렇다면 이제 이후로는 죄가 다시는 세상에 번성하지 아니하리라는 말씀인가? 아닙니다. 그러하기는커녕 또다시 죄가 세상에 무성하게 될 것을 암시해주고 있습니다. 이점이 "이는 사람의 마음이 계획하는 바가 어려서부터 악함이라" (21하) 하신 말씀에 나타납니다.

"어려서부터 악함이라"는 말은 다윗이, "내가 죄악 중에서 출생하였음이여 어머니가 죄 중에서 나를 잉태하였나이다" (시 51:5) 한, 전적타락, 전적부패로 인간의 자력으로는 선을 행할 능력도 죄를 해결할 힘도 없음을 의미합니다. 다시 말하면 홍수심판과 같은 징벌을 10번 100번을 내려도 인간의 행위로는 의롭다 함을 얻을 길이 없다는 자력구원의 불가능성을 의미합니다.

그렇다면 하나님께서, "여자의 후손은 네 머리를 상하게 하리라" 하신 "원복음"은 어찌 된단 말인가? 이점이 방주에서 나온, "노아가 여호와께 제단을 쌓고 모든 정결한 짐승과 모든 정결한 새 중에서 제물을 취하여 번제로 제단에 드렸더니" (20) 한 말씀에 나타나고 있습니다. 노아가 드린 "번제"는 아벨이 드린 제물에 이어 성경에 등장하는 두 번째 등장하는 제사인데, "원복음"이 노아에게 까지 전수되었다는 증거입니다.

하나님께서, "내가 다시는, 멸하지 아니하리니" 하신 것은, 노아가 드린 번제의 "그 향기를 받으시고" 말씀하셨다는 점을 유념하시기 바랍니다. 하나님께서는 "내가 수소의 고기를 먹으며 염소의 피를 마시겠느냐" (시 50:13) 하십니다. 그러므로 성경이 말씀하는 제사란, "보라 세상 죄를 지고 가는 하나님의 어린양이로다" (요 1:29)에 대한 예표였던 것입니다. 그러니까 반역하는 죄인에게 쏟으셔야 할 저주를 "번제"로 상징이 된 자기 아들에게 쏟으시고 구원하여주시겠다는 말씀인 것입니다.

이런 맥락에서 "홍수"라는 심판은 죄를 해결하고 인류를 구원할 방도로 주어진 것이 아니라 첫째는, "믿음으로 노아는 아직 보이지 않는 일에 경고하심을 받아 경외함으로 방주를 준비하여 그 집을 구원하였으니 이로 말미암아 세상을 정죄하고" 한, 최후 심판의 예표요, 둘째는 "믿음을 따르는 의의 상속자가 되었느니라" (히 11:7) 한, "여자의 후손의 상속자"를 보존(保存)하시기 위해서 행하신 것입니다.

적용

형제는 "의의 상속자"를 보존해주셔서 복음으로 낳은 하나님의 자녀입니다. 그러므로 우리도 의를 전파하면서, 번제의 삶을 살아가면서 그 날을 예비해야 하는 것입니다.

나누어봅시다

1, 홍수심판을 내리신 두 가지 이유에 대해서,

2, 어려서부터 악함이라는 의미가 무엇인가에 대해서,

3, 노아가 드린 번제에 대한 구속사적 의미에 대해서,

9장
셈의 하나님을 찬양하라

첫째 단원(1–7) 생육하고 번성하라
둘째 단원(8–19) 보존언약을 세워주심
셋째 단원(20–29) 셈의 하나님 찬양

내용 관찰

9장은, "하나님이 노아와 그 아들들에게 복을 주시며 그들에게 이르시되 생육하고 번성하여 땅에 충만하라" (1) 하고 시작이 됩니다. 하나님께서는 아담에게 "생유하고 번성하라" (1:28) 하신 하나님의 나라건설을 포기하신 것이 아닙니다. 이 "번성"이 아브라함에게 "네 자손이 하늘의 별과 같으리라" 언약하시고, 주님께서 "한 알의 밀이 죽으면 많은 열매를 맺느니라"에서 성취가 될 "번성"인 것입니다.

하나님께서는 홍수 후에, "내가 너희와 언약을 세우리니 다시는 모든 생물을 홍수로 멸하지 아니할 것이라" (11) 하고, "무지개 언약"을 세워주십니다. 이를 보존언약이라 하는데, 언제까지인가? "이제 하늘과 땅은 그 동일한 말씀으로 불사르기 위하여 보호하신 바 되어 경건하지 아니한 사람들의 심판과 멸망의 날까지 보존하여 두신 것이니라" (벧후 3:7) 한 최후심판 때까지 입니다.

이에 앞서 "그러나 고기를 그 생명 되는 피째 먹지 말 것이니라" (4) 하고 금하셨는데 이에 대한 구속사적 의미가 무엇인가? 그 해답이 레위기에 있는데, "내가 이 피를 너희에게 주어 제단에 뿌려 너희의 생명을 위하여 속죄하게 하였나니 생명이 피에 있으므로 피가 죄를 속하느니라" (레 17:11), 즉 피를 간작하셨다가 우리의 죄를 속하게 하기 위해서라고 말씀합니다. 그러므로 "피를 먹지 말라" 하신 하나님의 금령은, "내 피를 마셔라 그래야 생명이 있다" (요 6:54) 하신 주님의 말씀으로 결부가 되는 것입니다. 얼마나 망극하신 사랑이요, 은혜인가!

그런데 방주에서 나온 노아가, "포도주를 마시고 취하여 그 장막 안에서 벌거벗은지라" (21) 하고, 노아의 벌거벗은 모습을 보여주십니다. 이는 기록될 가치가 없는 것으로 여겨질 수도 있습니다. 왜냐하면 노아의 향년이 950세(29)라 했으니 이보다 중요한 사건이 많이 있었을 것이기 때문입니다. 그런데 성령께서 이를 기록하게 하신 의도가 무엇인가?

노아의 벌거벗은 모습이 누구와 같은 모습인지 아십니까? 아담 하와의 모습입니다. 구약성경 상 가장 수고를 많이 한 사람이 노아라 할 수가 있습니다. 그런 노아라도 하나님 앞에서는 "벌거벗은" 자에 불과하다는 것은 자력구원의 불가능성을 명백히 보여주고 있는 것입니다.

그러므로 벌거벗은 수치를 가림을 받은 노아는, "셈의 하나님을 찬송하리로다" (26) 하는 것입니다. 노아는 벌거벗은 수치를 가려준 셈과 야벳을 칭찬하고 있지 아니합니다. 셈의 하나님을 찬양하고 있습니다. 왜냐하면 세 아들 중 그리스도를 셈의 줄기로 보내셔서 우리의 벌거벗은 수치를 가려주실 것을 내다보고 있기 때문입니다. 하나님께서는 족장들을 선지자(20:7)로 사용하셔서 예언케 하시는 것입니다.

반면 "가나안은 저주를 받아 그의 형제의 종들의 종이 되기를 원하노라" (25) 한 것은, 함의 아들 가나안이 "뱀의 후손으로" 갈라지게 될 것에 대한 예언인 것입니다. 한 방주 안에 있던 자들이 두 부류로 갈라지고 있는 것을 대하면서 경각심을 갖게 됩니다. 셈의 하나님 곧 예수 그리스도의 하나님을 찬양하십시다.

적용

환난의 먹장 구름이 몰려올 때, 형제는 무엇을 바라봅니까? 그런 경우도 7색갈 영롱한 무지개로 상징이 된 "언약"을 바라보면서, 셈의 하나님을 찬양하십시다.

나누어봅시다

1, 생육하고 번성하라가 어떻게 성취될 말씀인가에 대해서,

2, 피는 먹지 말라 하신 하나님의 의도에 대해서,

3, 노아가 셈의 하나님을 찬양한 구속사적 의미에 대해서,

10장
열국으로 나누어짐

첫째 단원(1-20) 야벳, 함, 가나안의 족보
둘째 단원(21-32) 셈의 자손들

내용 관찰

10장의 중심점은, "홍수 후에 이들에게서 그 땅의 백성들이 나뉘었더라" (32) 한 말씀에 있습니다. 여기에는 두 가지 뜻이 있습니다. 첫째는 노아의 세 아들, 셈과 함과 야벳으로 부터 열국으로 나누어지게 되었다는 말씀입니다. 야곱의 12아들이 12지파의 족장이 되었듯이, "셈, 함, 야벳" 은 오늘날 지구상에 거하는 많은 족속들의 조상인 셈입니다. 이점을 사도 바울은 아덴에서 행한 설교에서, "인류의 모든 족속을 한 혈통으로 만드사 온 땅에 살게 하시고 그들의 연대를 정하시며 거주의 경계를 한정하셨으니" (행 17:26) 하고 증언합니다.

둘째는, 나누어지게 된 원인인데, 이점이 11장에 등장하는 바벨탑 사건입니다. 10:25절에서, "에벨은 두 아들을 낳고 하나의 이름을 벨렉이라 하였으니 그 때에 세상이 나뉘었음이요" 하는데, "벨렉" 때에 바벨탑 사건이 있었다는 것이 됩니다.

그런데 "그(함)의 나라는 시날 땅의 바벨과 에렉과 악갓과 갈레에서 시작되었으며"(10) 한 언급을 통해서 바벨탑을 쌓은 주동자들이 함의 자손이라는 점이 드러납니다. 성경 상 바벨이라는 말이 여기서 처음으로 등장하여, 계시록에서 "무너졌도다 큰 성 바벨론이여"(계 18:2) 하는 것이 마지막 언급인데 이로보건대 세속문명은 다름 아닌 하나님을 대적하는 바벨 문명인 것입니다.

함의 자손 중에 니므롯이라는 영걸이 나라를 세웠는데, "니므롯"이란 말은 "대적 자"라는 뜻입니다. "그가 여호와 앞에서 특이한 사냥꾼"(9)이 되었다고 합니다. "특이한 사냥꾼이 되었다"는 뜻이 무엇인가? 계시록에 보면 바벨 문명 하에 교역하는 상품 중에, "사람의 영혼들"(계 18:13)이 있는 것을 보게 됩니다. 결국 바벨 문명인란 "사람의 영혼을 죽이고 멸망시키려는 사탄의 통치세력이라는 점을 암시해 주고 있습니다.

바벨탑 사건으로 나누어졌던 열국 백성이 예수 그리스도 안에서 통일되게 하려 하심(엡 1:10)이 하나님의 경륜인 것입니다.

적용

오늘의 문명은 바벨 문명입니다. 형제는 여기에 정신을 빼앗겨 특이한 사냥꾼에 대한 경계를 게을리 하고 있지는 않습니까?

나누어봅시다

1, 세상이 나누이게 된 원인에 대해서,

2, 특이한 사냥꾼에 대해서,

3, 셈 족속을 나중에 거론하고 있는 의도에 대해서,

11장

바벨탑을 쌓는 반역

첫째 단원(1–9) 바벨탑의 구속사적 의미
둘째 단원(10–26) 셈의 줄기에서 아브람까지
셋째 단원(27–32) 갈대아 우르에서 하란으로

내용 관찰

11장의 중심점은 "자, 성읍과 탑을 건설하자" 한 "바벨탑"을 쌓은데 있습니다. 그런데 통찰력을 가지고 탐구해야 할 핵심은 탑을 쌓되, "벽돌로 돌을 대신하며 역청으로 진흙을 대신했다"는 말씀입니다. 이 말씀이 전달하는 이미지는 "돌과, 진흙"으로 쌓아야 옳은 것인데 돌 대신 "벽돌"로, 진흙 대신 "역청"으로 쌓았다는 것입니다. 그렇다면 이를 통해서 말씀하려는 바가 무엇인가?

그 의도는 구속사적인 맥락으로만이 깨달을 수가 있습니다. 이는 하나님께서, "네가 내게 돌로 제단을 쌓거든 다듬은 돌로 쌓지 말라 네가 정으로 그것을 쪼면 부정하게 함이니라”(출 20:25) 하신 경계와 결부시켜 상고해야만 의미를 깨달을 수가 있습니다.

어찌하여 “다듬은 돌로 쌓지 말라” 하시는가? 그 단위에서 드려지는 “제물”이 우리의 대속제물이 되어주실 “하나님의 어린양” 그리스도에 대한 예표이기 때문입니다. 우리의 구원은 그리스도께서 단독적으로 단번에 완성하여주신 것이지, “정으로 쪼듯” 인간이 무엇인가 첨부해야 하는 것이 아니라는 말씀입니다. 그러므로 “정으로 그것을 쪼면 부정하게 함이니라”, 즉 다른 복음이 된다는 말씀입니다.

그런데 저들은 “벽돌로 돌을 대신하며 역청으로 진흙을 대신하였다”, 즉 인공적(人工的)인 벽돌과 역청으로, 돌과 흙을 대신했다는 것입니다. 이것은 신본주의에 대한 인본주의적인 대항이요, 도전이었던 것입니다. 인류의 역사는 하나님을 대항하여 바벨탑을 쌓은 역사인 것입니다.

이점이 “자, 성읍과 탑을 건설하여 그 탑 꼭대기를 하늘에 닿게 하여 우리 이름을 내고 온 지면에 흩어짐을 면하자”(4) 한 말에도 나타납니다. 이는 “다시는 홍수로 멸하지 아니하리라”(9:11) 하신 보존언약에 대한 불신앙이요, “우리 이름을 내자” 한 인본주의 단이요, “하늘에 닿게 하여” 한 교만이요, 결국 하나님을 대항하는 반역이었던 것입니다.

그런데 문맥을 보면 하나님께서 그들을 흩으신 것만이 아니라, “셈의 족보는 이러하니라”(10) 하고, 셈의 족보에서 “데라는 칠십 세에 아브람과 나홀과 하란을 낳았더라”(26) 하고 아브라함이 태어나는 것을 보여주는 의도가 무엇인가?

이처럼 배은망덕함에도 불구하고, "여자의 후손"을 아브라함의 자손으로 보내셔서 인류를 구원하시려는 계획을 중단함이 없이 추진해나가고 계시다는 하나님의 신실하심입니다. 여자의 후손의 계보는 아담-셋-노아-셈-아브라함으로 이어지게 된 것입니다. 이점을 12장에서 보게 됩니다.

적용

바벨탑은 방주에서 나온 노의 자손들이 쌓았다는 점을 유념해야만 합니다. 이 시대의 바벨탑은 무엇이며, 혹시 교회도 바벨탑을 쌓고 있는 것은 아닌지 심각하게 반성해 봅시다.

나누어봅시다

1, 바벨탑은 누가 왜 무엇으로 쌓았습니까?

2, 하나님께서는 어떻게 하셨습니까?

3, 바벨탑과, 아브람의 출생을 알리는 연관성은 무엇입니까?

12장
한 사람을 택하신 하나님

첫째 단원(1-9) 내가 네게 지시하는 땅으로 가라
둘째 단원(10-20) 애굽으로 내려감

내용 관찰

12장은 새로운 분기점이 되는 장입니다. 왜냐하면 이제까지는 하나님께서 온 인류를 대상으로 하셨으나, 12장에서부터는 셈의 줄기에서 태어난 아브람이라는 한 사람을 택하셔서 메시아언약을 세워주시고, 그 언약을 이삭과, 야곱에게 계승시켜 나가시기 때문입니다. 이를 문맥적으로 보게 되면 저들은 바벨탑을 쌓으면서, "우리 이름을 내고 온 지면에 흩어짐을 면하자"(11:4) 하였으나, 하나님께서는 "여자의 후손"을 아브라함의 자손으로 보내셔서 천하만민을 구원하시려는 계획을 구체화시켜 나가시는 것입니다.

아브라함에게 세워주신 언약도 원복음의 구조와 동일하게, "내가—하리라" 하는 하나님의 주권적인 이루심으로 되어 있습니다. 언약의 내용은, "땅을 주리라, 자손을 주리라, 복을 받으리라" 하신 세 가지인데, 핵심은, "땅의 모든 족속이 너로 말미암아 복을 얻을 것이라" (3) 하신 메시아 언약입니다. "지시할 땅"은 그리스도가 탄생하실 땅을 준비하심이었던 것입니다.

아브람이 가나안 땅에 도착하자, "여호와께서 아브람에게 나타나 이르시되 내가 이 땅을 네 자손에게 주리라" 하십니다. 아브람은 "자기에게 나타나신 여호와께 그가 그 곳에서 제단을 쌓고" (7) 합니다. 8절에서도 "그 곳에서 여호와께 제단을 쌓고 여호와의 이름을 부르더니" 합니다. 이는 하나님의 언약을 믿었다는 증거입니다.

언제나 하나님과의 관계는 언약의 관계입니다. 아담으로부터 노아를 거쳐 아브람이 태어나기까지는 하나님과의 관계가 "원복음"으로 결속이 되어 있었으나, 원복음이 전진을 하여 이제부터는 아브라함에게 세워주신 "메시아언약"을 믿음으로 하나님과의 교제가 유지되게 된 것입니다.

아브람은 "여호와의 말씀을 따라갔다" 말씀하는데 이것이 "믿음"인 것입니다. 반면 롯은, "그와 함께 갔으며" (4) 하고, 아브람을 따라간 것입니다. 그런데 "말씀을 따라 간, 그 땅에 기근이 심했다" (10)는 것은 어찌 된 일인가? 아브람을 부르실 때에는 그가 담당해야 할 사명이 있기 때문인데 그 절정이, "네 사랑하는 독자"를 번제로 드리라" (22:2)는 임무입니다. 이를 수행하기 위해서는 훈련이 필요했기 때문입니다.

애굽으로 내려간 아브람은 언약의 씨를 생산해야 할, "생명의 어머니"

(3:20)인 사라를 빼앗길 위기에 처하게 됩니다. 그렇다면 애굽으로 내려가는 아브람을 막으시지 아니하신 의도가 어디에 있는가? "이는 자기를 의뢰하지 말고 하나님만 의뢰하는 법을 배우게 하기" (고후 1:9) 위해서였던 것입니다.

"여호와께서 아브람의 아내 사래의 일로 바로와 그 집에 큰 재앙을 내리신지라" (17) 하고, 하나님께서 개입하셔서 막아주심으로 문제는 해결이 됩니다. 이렇게 하신 것은 아브람에게 무슨 공로나 자격이 있어서가 아니라, 하나님의 구원계획을 성취하시려는 주권적인 역사임을 명심하십시다.

형제여, 우리에게도 같은 훈련과 연단이 있는 것입니다. 여호와의 말씀을 좇아갑시다.

적용

형제는 무엇을 따라 살아가고 있습니까? "주의 말씀은 내 발에 등이요 내 길에 빛이니이다" (시 119:105) 합니다. 말씀을 따라 살아가십시다.

나누어봅시다

1, 하나님께서 아브라함에게 세워주신 언약의 3가지가 무엇입니까?

2, 아브라함은 무엇을 믿고 따라갔습니까?

3, 사라를 위기에서 구출해주신 이유가 무엇입니까?

13장

2차로 언약을 세워주심

첫째 단원(1-13) 롯을 떠내 보냄
둘째 단원(14-18) 두 번째 언약을 세워주심

내용 관찰

13장의 중심점은, 2차로 메시아언약을 세워주시는데 있습니다. 구조는 동일하게, "내가—하리니, 너는—되리라"는 하나님의 주권적인 행하심으로 되어 있습니다.

아브라함은 애굽에서 "처음으로 단을 쌓던 곳(4)으로 올라왔습니다. 언약백성들에게는 항상 두 가지 위험이 따르게 되는데 첫째는, 언약의 땅을 떠날 위험이고 둘째는, 이방인들과 섞이는 세속화입니다. 아브람은 제자리로 돌아온 것입니다. 그러나 아브람은 원점으로 돌아오기만 한 것이 아니라 훈련을 통하여 성숙한 신앙인으로 전진하고 있는 것입니다.

이점이 롯을 떠나 보내는 과정을 통해서 드러나는데, "네 앞에 온 땅이 있지 아니하냐 나를 떠나가라 네가 좌하면 나는 우하고 네가 우하면 나는 좌하리라" (9) 하고 우선권을 줍니다. 어찌하여 롯을 떠나보내야만 했는가? 아브람은 언약을 따라왔지만 롯은 아브라함을 따라왔기 때문입니다. 아브라함에게 주어진 사명은 롯과 함께 감당할 사명은 아니었던 것입니다.

그러므로 롯은 언약을 믿는 믿음의 눈으로 본 것이 아니라 육신의 눈으로 보아 여호와 앞에 큰 죄인(13)인 소돔까지 이르게 됩니다.

"롯이 아브람을 떠난 후에 여호와께서 아브람에게 이르시되 너는 눈을 들어 너 있는 곳에서 북쪽과 남쪽 그리고 동쪽과 서쪽을 바라보라 보이는 땅을 내가 너와 네 자손에게 주리니 영원히 이르리라 내가 네 자손이 땅의 티끌 같게 하리니 사람이 땅의 티끌을 능히 셀 수 있을진대 네 자손도 세리라" (14-16) 하고, 두 번째로 언약을 세워주십니다.

언약의 내용은 변함 없이 "땅을 주리라, 네 자손으로 티끌 같게 하리라" 하신,. 땅과 자손입니다. 재차 언약해 주신 시기가 "롯이 아브라함을 떠난 후"였음을 유의하십시오. 롯도 떠났고 비옥한 땅도 양보하고 난 후에 그에게 언약이 주어진 것입니다. 이는 롯이 선택한 것에 비할 수 없는 영광스러운 축복입니다.

이 언약이 1차적으로는 아브라함의 자손이 번성하고 그들이 가나안을 정복하므로 성취됩니다. 그러나 궁극적인 성취는 아브라함의 자손으로 메시아를 보내주셔서 영적 자손이 티끌 같이 많을 것과, 그들에게 육적 가나안이 아니라 영적 가나안이 기업으로 주어질 것을 의미합니다.

그러므로 하나님의 자녀들은 보이는 것으로 사는 사람들이 아니라(고후 4:18), 언약을 믿는 믿음으로 사는 사람들입니다. "롯은 장막을 옮겨 소돔까지 이르렀고"(12), 아브라함은 장막을 옮겨 헤브론에 거하며, 여호와를 위하여 단을 쌓았더라(18) 하고 말씀합니다. 어느 길이 더 행복한 길인가? 형제는 어느 길을 가시렵니까?

적용

롯도 바라보고(10), 아브라함도 바라보았습니다(14). 형제는 두 길 중에 어느 것을 더욱 바라보고 있습니까?

나누어봅시다

1, 애굽으로 내려갔던 아브라함이 무엇을 얻고 어디로 돌아왔습니까?

2, 재차 언약하신 시기와 내용은 무엇입니까?

3, 롯의 선택과 아브라함에게 주어진 축복을 대조해 보십시오.

14장

대적을 네 손에 붙이신 하나님

첫째 단원(1-12) 4왕과 5왕의 전쟁
둘째 단원(13-16) 사로잡혀간 롯
셋째 단원(17-24) 두 왕의 영접을 받는 아브라함

내용 관찰

14장의 중심점은, "대적을 네 손에 붙이신 지극히 높으신 하나님"께 있습니다. 14장은 "당시에" 하고 시작이 됩니다. 이 당시는 롯은 장막을 옮겨 소돔까지 이르러(13:12) 소돔에 살고 있을 때요, 아브라함은 헤브론에 거하면서(13:18) 여호와를 위하여 단을 쌓던 당시를 말합니다. 그 때 4왕과 5왕의 전쟁이 일어나 소돔에 거하던 롯도 포로가 되었고 재물까지 빼앗겼다는 것입니다.

이럴 경우 아브람은 어떻게 할 것인가? 이것이 두 번째 주어진 훈련계획입니다. 아브라함은 롯을 구출해야 되겠다는 사랑의 정신과 하나님을 의지하는 믿음으로, "집에서 길리고 훈련된 자 삼백 십팔 명을 거느리고 단까지 쫓아가서" (14), "모든 빼앗겼던 재물과 자기의 조카 롯과 그의 재물과 또 부녀와 친척을 다 찾아왔더라" (16) 합니다.

개선하고 돌아오는 아브람은 두 왕의 영접을 받게 되는데 첫째는, "사람은 내게 보내고 물품은 네가 가지라" (21) 하는 소돔 왕이고, 둘째는 "떡과 포도주를 가지고" 온 살렘 왕 멜기세덱인데 그는 지극히 높으신 하나님의 제사장이었더라(18) 합니다.

살렘 왕은, "천지의 주재이시요 지극히 높으신 하나님이여 아브람에게 복을 주옵소서" 하고 축복하면서, "너희 대적을 네 손에 붙이신 지극히 높으신 하나님을 찬송할지로다" (19-20) 하고, 영광을 하나님께 돌립니다. 명심해야 할 점은 이 사건을 통해서 찬양 받으셔야 할 분은 아브라함이 아니라 하나님이시라는 점입니다.

이점에서 소돔 왕은 세속적인 명예와 부귀 영화로 아브라함을 유혹하는 왕으로, 멜기세덱은 "하나님의 아들과 닮아서 항상 제사장으로 있느니라" (히 7:3) 한 그리스도의 예표로 등장합니다.

아브람은 두 왕을 동시에 섬길 수는 없고 양자 택일하지 않으면 아니 됩니다. 명예와 부귀영화를 취할 것인가? 아니면 모든 영광을 하나님께 돌리고 하나님께서 주시는 축복을 받을 것인가? 이럴 경우 형제라면 어느 왕의 영접받기를 원하겠는가?

"아브람이 소돔 왕에게 이르되 천지의 주재이시요 지극히 높으신 하나님 여호와께 내가 손을 들어 맹세하노니 네 말이 내가 아브람으로 치부하게 하였다 할까 하여 네게 속한 것은 실 한 오라기나 들메끈 한 가닥도 내가 가지지 아니하리라" (22-23) 하고, 한마디로 거절해 버립니다.

왜냐하면 소돔 왕이, "내가 아브라함을 부자 만들어 주었다" 하고 나팔을 불 것이 뻔한데, 그렇게 되면 하나님께 돌려야 할 영광이 소돔 왕에게로 돌아가기 때문입니다. 축복을 받은 아브라함이 십일조를 드렸다는 것은 하나님의 주권을 인정하는 신앙고백이었던 것입니다.

아브람의 믿음은 훈련을 통해서 점점 성숙해지고 있는 것입니다. 반면 이 사건은 롯에게 소돔을 떠나라는 경고이기도 합니다. 그러나 그는 그 경고를 무시했습니다.

적용

자신이 아브라함이라면 롯을 구출해 냈을 것인가? 또한 소돔 왕의 유혹을 물리칠 수 있었을 것인가? 자문해보십시다.

나누어봅시다

1, 롯이 환난을 당하게 된 배경과 원인에 대해서,

2, 살렘 왕 멜기세덱의 예표와, 축복에 대해서,

3, 우리는 두 왕 중 어느 왕을 영접하고 있는가에 대해서.

15장

자신을 담보하신 하나님

첫째 단원(1-6) 자손을 주리라

둘째 단원(7-16) 땅을 주리라

셋째 단원(17-21) 쪼갠 고기 사이로 지나간 횃불

내용 관찰

15장에는 중요한 말씀들이 풍성합니다. 그런 중에서, "아브람이 여호와를 믿으니 여호와께서 이를 그의 의로 여기시고" 한 말씀이 핵심이라 할 수가 있습니다. 왜냐하면 이는 하나님과의 관계성을 나타내는 것으로, 구속사에 있어서 가장 중요한 주제요, 해결해야 할 난제이기 때문입니다.

15장은 "이 후에" 하고 시작이 되는데 여호와께서, "아브람아 두려워 말라 나는 너의 방패요 너의 지극히 큰 상급이니라"(1) 하십니다. "두려워 말라" 하심은 "4왕이 반격해 오지나 아니할까" 하고 두려워했기 때문이요, "지극히 큰 상급이니라" 하신 것은 소돔 왕이 주는 재물을 포기한 것에 대한 보상이라 할 수가 있습니다. 하나님께서 나의 방패가 되어주시고, 상급이 되어주신다면 두려워하고, 아쉬워해야 할 것이 무엇이란 말인가?

15장을 해석하는 열쇠는 아브람이 제기한 두 번의 질문에 대한 하나님의 답변에 있습니다. 첫째는 "주 여호와여 무엇을 내게 주시려 하나이까" (2) 한 질문이데 하나님께서는 "네 몸에서 날 자가 네 상속자가 되리라" 하고, "자손"을 주리라 하십니다. 이 "상속자"가 1차적으로는 이삭으로 주어지지만 궁극적으로는 아브라함의 자손으로 오실 그리스도를 가리키는 것입니다.

이는 아브라함에게 3번째로 세워주시는 메시아언약입니다. 아브라함에게, "하늘을 우러러 뭇별을 셀 수 있나 보라 또 그에게 이르시되 네 자손이 이와 같으리라" (5) 하십니다.

"아브람이 여호와를 믿으니 여호와께서 이를 그의 의로 여기셨다" (6) 말씀합니다. 여기 신 구약성경 전체를 통해서 가장 핵심적인 주제가 등장하는데 그것은, "의롭다 함"입니다. 왜냐하면 불의한 자가 되어서 추방을 당했던 아담의 후예들이 의롭다 함만 얻으면 하나님께 돌아갈 수가 있고 화목할 수가 있기 때문입니다

그렇다면 아브라함은 어떻게 의롭다함을 얻었는가? 이점을 신약성경에서는, "아브라함에게 복음을 전하되, 한 사람을 가리켜 네 자손이라 하셨으니 곧 그리스도라" (갈 3:8, 16) 합니다. 아브라함도 복음을 듣고 그리

스도를 믿음으로 의롭다 함을 얻었다는 점을 놓치지 마시기 바랍니다.

두 번째 질문은 "주 여호와여 내가 이 땅을 소유로 받을 것을 무엇으로 알리이까" (8) 한 질문에 대한 답변인데, 하나님께서는 언약식을 행해주셨습니다. 고대 근동지방의 유목민들은 가축의 "중간을 쪼개고 그 쪼갠 것을 마주 대하여 놓고" (10) 쌍방이 지나감으로 언약을 맺었던 것입니다.

그런데 "해가 져서 어두울 때에 연기 나는 화로가 보이며 타는 횃불이 쪼갠 고기 사이로 지나더라" (17) 하고, 지나간 것은 하나님의 나타내심을 상징하는 "횃불" 뿐이었습니다. 왜냐하면 메시아언약은 하나님의 주권적인 은혜언약이기 때문입니다. 하나님께서는 세워주신 언약에 자신을 담보하신 것입니다. 문자적으로 하면 메시어언약을 지키지 않는다면 나를 쪼개도 좋다는 그런 뜻이 되는 것입니다.

그리고 땅을 주시되 당장 주시는 것이 아니라, "네 자손이 이방에서 객이 되어 그들을 섬기겠고 그들은 사백 년 동안 네 자손을 괴롭히리니" (13) 하고, 출애굽 때에 주시리라 하십니다. 출애굽은 임기응변으로 일어난 일이 아니라 영적 출애굽의 예표로 보여주시려는 하나님의 계획하심이었던 것입니다.

언약하신 바에 자신을 담보하신 말로 다 할수 없는 하나님은 찬양을 받으셔야 마땅하십니다.

적용

하나님께서는 언약을 지켜주셔서 아브라함과 다윗의 자손으로 그리스도를 보내주셨습니다. 자신을 담보하신 하나님의 언약에 대해 형제는 얼마나 성실하십니까?

나누어봅시다

1, 나는 너의 방패요, 지극히 큰 상급이라 하신 의도에 대해서,

2, 아브라함이 의롭다 함을 얻은 근거에 대해서,

3, 언약하신 바에 자신을 담보하신 하나님에 대해서.

16장

감찰하시는 하나님

첫째 단원(1-3) 첩을 얻은 것은 10년 후였다
둘째 단원(4-6) 믿음의 가정에 일어난 불화
셋째 단원(7-16) 그 수하에 복종하라

내용 관찰

16장은 아브라함이 하갈이라는 첩을 얻는 불신앙을 보여주고 있는데 이는 15장에서 언약하신 바에 자신을 담보하신 하나님의 참되심과 대조를 이루고 있습니다. 하갈의 신원을 "애굽 사람"(1)이라고 밝히고 있다는 점도 무심한 일로 여겨지지 않습니다. 왜냐하면 아브라함이 애굽으로 내려가 자기 아내 사래를 빼앗기는 대신 "노비"(12:16)를 얻었다 했는데 하갈이 그 중의 한 사람이라면 16장의 사건이 동일선상에서 벌어지고 있는 사탄의 역사이기 때문입니다.

본문은, "아브람에게 첩으로 준 때는 아브람이 가나안 땅에 거주한 지십년 후였더라"(3) 하고, "열쇠"를 제공해주고 있다는 점입니다. 무엇을 깨닫기를 원하시는 것일까요? 첫째는, 10년이면 강산도 변한다는데 아브라함과 사라는 10년은 기다렸으나 더는 기다리지 못했다는 "인내"의 부족입니다.

둘째는 10년이나 되었는데도 아직도 신앙이 어린아이와 같다는 "성숙하지 못함"입니다. 이점을 신약성경은, "때가 오래 되었으므로 너희가 마땅히 선생이 되었을 터인데 너희가 다시 하나님의 말씀의 초보에 대하여 누구에게서 가르침을 받아야 할 처지이니 단단한 음식은 못 먹고 젖이나 먹어야 할 자가 되었도다"(히 5:12) 하고 말씀합니다.

아브라함이 "사래의 말을 들으니라" (2) 한 것은, 아담이 하와의 말을 듣고 선악과를 범한 것과 같은 악순환인 것입니다. 신앙생활 중에서 중요하고 어려운 것은 하나님의 뜻을 분별하는 일입니다. 이로 말미암아 언약 백성의 가정에 큰 풍파가 일어나게 되었습니다.

마지막 절에서, "하갈이 아브람에게 이스마엘을 낳았을 때에 아브람이 팔십육 세였더라"(16) 하고, 또 연대를 밝혀주고 있는데 이어지는 말씀은, "아브람이 99세 때에"(17:1) 합니다. 하갈 사건으로 인하여 13년이나 교제가 단절이 되었다는 점을 드러내고 있습니다.

하갈이 잉태하자 "여주인을 멸시한지라"(4) 합니다. 그러다가 결국 "도망하였더라"(6) 합니다. 그에게 여호와의 사자가 나타나, "돌아가서 그 수하에 복종하라" 하십니다. 이는 하나님께서 아브라함에게 세워주신 메시아언약, "그 수하에 복종하라", 다시 말하면 사래를 "생명의 어머니"로 인정하고 복종해야 구원을 얻을 수 있다는 뜻인 것입니다.

사도 바울은 "하갈"을 옛 언약, 즉 율법으로, "사라"를 자유하는 여자 곧 복음으로 해설(갈 4:22)해주고 있습니다. 그런데 하갈은 사라를 멸시했고, 이스마엘은 이삭을 핍박하다가 쫓겨나게(21:9-10) 되고, 율법주의자들은 그리스도를 배척하다가 멸망을 자초했던 것입니다.

그러므로 "수하에 복종하라"는 말씀은 하갈에 국한된 것이 아니라, "하늘에 있는 자들과 땅에 있는 자들과 땅 아래에 있는 자들로 모든 무릎을 예수의 이름에 꿇게 하시고 모든 입으로 예수 그리스도를 주라 시인하여 하나님 아버지께 영광을 돌리게 하시려는"(빌 2:10-11) 원리가 되는 말씀입니다.

하갈은 "자기에게 이르신 여호와의 이름을 나를 살피시는 하나님"으로 고백을 합니다. 이는 감시한다는 그런 뜻이 아니라 돌아보신다는 뜻에서 하는 감격인 것입니다. 그래서 "내가 어떻게 여기서 나를 살피시는 하나님을 뵈었는고"(13) 합니다.

그렇습니다. "나"는 누구인가? 하나님의 언약을 멸시하고 도망쳤던 나 같은 죄인을 찾아오셔서 돌아보아 주시다니! 하갈을 돌아보신 하나님께서는 자녀 된 우리를 더욱 권고하십니다. 우리도 "내가 어떻게 여기서 나를 살피시는 하나님을 뵈옵는고" 하는 신전신앙의 고백이 있어야 하겠습니다.

적용

아브라함은 하나님의 언약보다 사라의 말을 더 받아 들렸습니다. 내 신앙도 언약보다 상황에 지배를 당하고 있지는 아니한가 검토해 봅시다.

나누어봅시다

1, 10년 후였다는 말씀이 전달해주는 의미에 대해서,

2, 돌아가서 복종하라는 구속사적 의미에 대해서,

3, 사라와 하갈은 무엇에 대한 예표인가에 대해서,

17장

내가…하리니, 너는…되리라

첫째 단원(1–8) 이름을 아브라함이라 하라

둘째 단원(9–14) 할례를 행하라

셋째 단원(15–27) 이름을 사라라 하라

내용 관찰

17장은, "아브람이 구십구 세 때에 여호와께서 아브람에게 나타나서 그에게 이르시되 나는 전능한 하나님이라 너는 내 앞에서 행하여 완전하라"(1) 하고 시작이 됩니다. 어찌하여 "전능한 하나님"으로 계시하시는가? 자손을 주시겠다는 하나님의 언약이 불가능해 보여서 아브라함이 첩을 얻어 이스마엘이라는 가짜를 얻었기 때문입니다.

"구속사는 네가 이루어 나가는 것이 아니라 내가 이루는 것이다. 인간의 방법에 의해서 성취되는 것이 아니고 하나님의 방법에 의해서 이루어지는 것이다. 나에게는 불가능이란 없다"는 뜻입니다.

"내 앞에서 행하여 완전하라" 하십니다. 16장의 아브라함은 말하자면 하나님 뒤에서 행한 비겁한 행동이었던 것입니다. "아브람이 엎드렸더니"(3) 합니다. 단을 쌓았다는 말은 몇 번 있었지만 "엎드렸다"는 말은 처음인데 이는 굴복하는 자세입니다. 우리도 엎드립시다.

17장의 중심점은 하나님께서 아브라함에게 세워주신 메시아언약을 네 번째로 다짐해 주시는데 있습니다. 언약의 내용은 변함없이 자손(2)과 땅(8)입니다.

구조(構造)는, "내가— 하리니(2), 너는— 되리라"(4) 하고, 하나님께서 주권적으로 성취해 나가실 것으로 되어 있습니다. 1-8절 안에는 하나님을 가리키는 "나"가 14번, 아브람을 가리키는 "너"가 15번이나 강조되어 있습니다. 구속사는 하나님께서 주권적으로 이루어나가시는 역사입니다. 그 "주권"이 17장에서 가장 강조되고 있습니다. 그래서 "언약"이라는 말도 12번이나 강조되어 있다는 것은 당연한 일입니다.

"내가 내 언약을 나와 너 및 네 대대 후손 사이에 세워서 영원한 언약을 삼고 너와 네 후손의 하나님이 되리라"(7) 하십니다. "영원한 언약을 삼고 너와 네 후손의 하나님이 되리라" 하심은, "메시아언약"은 아브라함만이 아니라, 대대 후손이 망각해서는 아니 될 사활이 걸려 있다는 뜻입니다.

하나님께서는, "이제 후로는 네 이름을 아브람이라 하지 아니하고 아브라함이라 하리니(5), 네 아내 사래는 이름을 사래라 하지 말고 사라라 하라"(15) 하고 다시는 언약을 망각하지 않도록 아예 이름을 바꿔주십니다. 또한 "너희는 포피를 베어라 이것이 나와 너희 사이의 언약의 표징이니라" (11) 하고 언약의 표를 몸에 지니게 하십니다.

그런데도 아브라함은, "이스마엘이나 하나님 앞에 살기를 원하나이다" (18) 하니 얼마나 답답한 일인가? "아니라 네 아내 사라가 네게 아들을 낳으리니 너는 그 이름을 이삭이라 하라 내가 그와 내 언약을 세우리니" (19) 하십니다.

전능의 하나님, 언약의 하나님, 언약을 지키시는 신실하신 하나님을 찬양하십시다.

적용

17장에서 왜 언약이 강조되어 있는지 아십니까? 16장 사건 때문입니다. 우리가 믿는 하나님은 전능의 하나님이십니다. 우리의 믿음이 언약에 근거한 성실한 믿음인지 검토해 보십시다.

나누어봅시다

1, 17장에 "나, 너, 언약"이 몇 번이나 강조되어 있으며, 이는 언약에 대한 몇 번째 다짐인가에 대해서,

2, 이름을 바꿔주시고, 언약의 표로 할례를 행하라 하심에 대해서,

3, 그런데 아브라함은 무엇을 붙잡고 놓지 않으려 하는가?

18장

좋은 소식과 나쁜 소식

첫째 단원(1–8) 친밀한 교제

둘째 단원(9–15) 좋은 소식

셋째 단원(16–33) 나쁜 소식

내용 관찰

18장은 세 부분으로 되어 있습니다. 1-8절은 하나님과의 교제가 이루어지는 장면이고 9-15절은 좋은 소식이고 16-33절은 나쁜 소식입니다. 먼저 교제하는 장면인데, 18:1절과, 19:1절을 대조해서 때와 장소를 유의해 보시기 바랍니다.

아브라함은 정오에 장막 문에 앉았다가 찾아오시는 하나님을 달려가 영접하나, 롯은 저물 때에 성문에 앉았다가 영접하게 됩니다. "정오와 저물 때, 장막 문과 성문"의 대조를 아시겠습니까? 아브라함은 본향을 찾는 나그네 정신(장막)으로 살아가고 있는 반면, 롯은 소돔에 뿌리박은 (성문) 세속화 된 상태요, 아브라함의 시간은 "정오"인데, 롯의 시간은 "저물 때"입니다.

찾아 온 주의 사자들이 아브라함에게는 기쁨으로 응답하나 롯에게는, "아니다 우리가 거리에서 경야하리라"(19:2) 하고 들어가기를 주저합니다. 아브라함과의 교제는 마치 계시록 3:20절을 연상하게 합니다. 교제 후에 "아들이 있으리라"(18:14)는 기쁜 소식을 전해주십니다. "아들이 있으리라"는 기쁜 소식은 구속사의 맥락에서 메아리 치다가 2천년 후에 마리아에게, "보라 네가 수태하여 아들을 낳으리니"(눅 1:31) 하고 성취가 되는 것입니다.

사라도, 마리아도 처음에는 승인치 못하였으나, "여호와께 능치 못한 일이 있겠느냐" (14, 눅 1:37)는 말씀에 순복합니다.

기쁜 소식 후에 나쁜 소식도 전해주십니다. "나의 하려는 것을 아브라함에게 숨기겠느냐"(17) 하시면서, 소돔 고모라의 심판을 알려주십니다. 왜 복음이 필요한가? "심판"이 있기 때문입니다. 이를 알려주심은 교제하는 자에게 계시하시는 특권입니다. 그러나 특권에는 그들을 위하여 제사장적인 중보 기도를 드려야 할 무거운 책임이 뒤따른다는 점을 인식해야만 합니다.

"아브라함이 가까이 나아가 이르되 주께서 의인을 악인과 함께 멸하려 하시나이까"(23) 하고 시작이 된 중보 기도는 50명, 45명, 40명, 30명, "20명을 찾으시면 어찌하시려나이까"(31) 하고 끈질긴 기도를 합니다. "아브라함이 또 이르되 주는 노하지 마옵소서 내가 이번만 더 아뢰리이다 거기서 10명을 찾으시면 어찌 하려 하시나이까? 내가 십명으로 말미암아 멸하지 아니하리라" (32) 하십니다. 아브라함의 기도는 무위로 끝난 듯하나 헛수고 한 것은 아니었습니다. 그의 기도는 "소돔 고모라에 대한 심판이 어째서 정당한가" 하는 하나님의 공의를 드러냈기 때문입니다.

그리스도와 교제를 나누는 성도들은 기쁜 소식과, 나쁜 소식을 동시에 전해주어야 할 책임이 있다는 점을 잊지 맙시다. 이것이 18장의 메시지입니다.

적용

순서를 보면 먼저 "기쁜 소식"을 전해주신 후에, 나쁜 소식을 전해주십니다. 형제가 전해주어야 할 기쁜 소식과 나쁜 소식은 무엇입니까? 그것은 "복음"과 최후심판의 경고입니다.

나누어봅시다

1, 좋은 소식과, 나쁜 소식에 앞서 무엇이 먼저입니까?

2, 좋은 소식을 듣게 된 사라도, 마리아도 어찌했습니까?

3, 나쁜 소식을 들은 아브라함은 어떻게 했습니까?

19장

공의로우신 하나님

첫째 단원(1-11) 소돔의 죄악상
둘째 단원(12-22) 심판 중의 구원의 방도
셋째 단원(23-38) 소금 기둥이 된 롯의 처

내용 관찰

19장은 소돔 고모라를 심판하시는 내용인데 중심점은 심판에 있는 것이 아니라, "그 사람들이 그들을 밖으로 이끌어 낸 후에 이르되 도망하여 생명을 보존하라 돌아보거나 들에 머물지 말고 산으로 도망하여 멸망함을 면하라" (17) 한, "구원"에 있다는 점을 유념해야만 합니다. 하나님의 구원계획이란 어떻게 하면 멸망을 당하느냐에 있는 것이 아니라, 어떻게 하면 구원을 얻을 수 있는가에 있는 것입니다.

그러므로 본문이 우리에게 적실성이 있게 되는 것은, "홍수심판과, 유황불심판"이 최후심판의 예표라는 점 때문인데, 최후 심판 때에도 주님은 멸망시키려 오시는 것이 아니라 구원 얻을 자를 영접하러 오십니다. 문제는 구원의 방도가 무엇인가 하는 점입니다.

홍수심판 때에 계시된 구원의 방도는, "방주로 들어가라", 즉 언약 안에 있는 자만이 구원을 얻는다는 것이었습니다. 반면 불 심판 때의 구원의 방도는, "이 외에 네게 속한 자가 또 있느냐 네 사위나 자녀나 성 중에 네게 속한 자들을 다 성 밖으로 이끌어 내라(12), 여호와께서 이 성을 멸하실 터이니 너희는 일어나 이 곳에서 떠나라"(14) 한, "떠나라"는 구별됨입니다.

이 성별 됨이 18장에서는, "의인을 악인과 함께 멸하려 하시나이까"(18:23) 한 "의인"으로 나타난 것입니다. 그렇다면 최후심판의 날에 구원에 이를 수 있는 의인이 있단 말인가? 이점에서 "한 사람이 순종하지 아니함으로 많은 사람이 죄인 된 것 같이 한 사람이 순종하심으로 많은 사람이 의인이 되리라"(롬 5:19) 한, 복음이 필요하게 되는 것입니다.

그러므로 "의인과, 떠나라" 한 두 주제가 우리에게는 "칭의와, 성별"로 적용이 되는 것입니다. 복음을 믿고 의롭다 함을 얻은 자는 필연적으로 거룩한 성별 된 삶을 살아가야 한다는 말씀입니다.

그런데 본문은, "롯이 나가서 그 딸들과 결혼할 사위들에게 말하여 이르기를 여호와께서 이 성을 멸하실 터이니 너희는 일어나 이 곳에서 떠나라 하되 그의 사위들은 농담으로 여겼더라"(14) 말씀하고, 롯 자신도 "동틀 때에 천사가 롯을 재촉하여 이르되 일어나 여기 있는 네 아내와 두 딸을 이끌어 내라 이 성의 죄악 중에 함께 멸망할까 하노라 그러나 롯이 지체했다"고 말씀합니다. 그래서 "그 사람들이 롯의 손과 그 아내의 손과 두 딸의 손을 잡아 인도하여 성 밖에 두니 여호와께서 그에게 자비를 더 하심이었더라"(15-16) 합니다. 이것이 하나님의 견인(牽引)입니다.

"하나님이 그 지역의 성을 멸하실 때 곧 롯이 거주하는 성을 엎으실 때에 하나님이 아브라함을 생각하사 롯을 그 엎으시는 중에서 내보내셨더라"(29) 합니다. 이점에서 아브라함은 "하나님과 사람 사이에 중보자도 한 분이시니 곧 사람이신 그리스도 예수라"(딤전 2:5) 한, 중보자 그리스도의 예표의 인물로 등장합니다.

그러므로 롯도 자기 의(벧후 2:7)로 구원을 얻었다기 보다는 중보자를 통해서 구원을 얻은 것이 되는 것입니다. 그래서 "여호와께서 그에게 인자를 더하심이었더라"(16) 하는 것입니다.

본문은 뒤를 돌아본 롯의 처가, "소금 기둥"(26)이 되었다 말씀하는데 이는 일종의 비석과 같은 것입니다. 롯의 처는 지나가는 순례자들을 향해서, "세상을 사랑하다가는 나와 같이 됩니다" 하고 증언하고 있는 것이 아니겠는가? 주님은, "롯의 처를 생각하라"(눅 17:32) 하고 경고하십니다.

적용

롯, 롯의 사위, 롯의 처를 통해서 형제가 깨닫는 바가 무엇입니까?

나누어봅시다

1, 소돔과 이 시대 죄악 상의 공통점에 대해서,

2, 홍수, 불 심판에서 구원의 방도가 무엇인가에 대해서,

3, 롯과 그 가족들의 지체함과, 천사의 견인함에 대해서.

20장
생명의 어미를 보호하신 하나님

첫째 단원(1-7) 그는 나의 선지자니라
둘째 단원(8-18) 네 일이 다 해결되었느니라

내용 관찰

20장은 아브라함이 자기 아내를 누이라고 속였다가 빼앗기는 내용인데, 이를 인간중심으로 보면 실망스러운 장입니다. 여기까지 따라 온 아브라함이 12장의 실수를 되풀이 하고 있기 때문입니다. 그러나 20장은 꼭 있어야 할 자리에 놓여 있는 것입니다. 왜냐하면 앞의 문맥으로 보면 18장에서 아브라함이 하나님과 친구 사이처럼 친밀한 교제를 나누면서, 중보기도를 드림으로 롯을 구원하는(19장) 것을 보았습니다. 그런데 성경의 엄위를 보십시오. 그 후에 아브라함의 형편없는 모습, 즉 이방인 아비멜렉보다도 못한 모습을 보여주시는 의도가 무엇인가?

이는 아브라함에게 국한 된 것이 아니라 방주에서 나온 노아는 어떠했는가? 포도주에 취하여 벌거벗는 추태를 보여주십니다. 다윗은 어떠했는가? 그러면 나 자신은 어떠한가?

그러므로 구원이란 뒤 문맥인 다음 장에서 태어나게 되는 언약의 자손(21장)이, 22장에서 번제로 드려지는, 즉 "세상 죄를 지고 가는 하나님의 어린양"의 대속을 통해서만 가능하여진다는 점을 보여주시려는 것입니다.

또한 아비멜렉이 사라를 취한 시점이 "명년 이 기한에" (17: 21, 18: 14) 이삭을 낳으리라 하신 시점이라는 점을 생각한다면, 이 사건은 여자의 후손이 태어나지 못하게 하려는 사탄의 궤계를, "너를 막아 내게 범죄하지 아니하게 하였나니" (6) 하고 하나님께서 막으시고 분쇄하신 것이 되는 것입니다.

어떻든 인간의 자력으로는 구원에 이를 수 없고, 오직 하나님의 주권적인 은혜로만이 가능하다는 점을 명백하게 드러내고 있는 것이 20장인 것입니다.

그런데 변변치 못한 아브라함을 가리켜, "그는 선지자라" 인정하시면서 "그가 너를 위해 기도하리니" 하고, 하나님과의 교제의 통로로 높여주시다니 망극하신 은혜에 감사와 감격할 뿐입니다.

20장을 아브라함에 초점을 맞춰서 교훈적으로 대하게 된다면 얼마나 실망스런 장이 됩니까? 그러나 구속사의 관점에서 볼 때에 계획하시고 언약하신 바를 주권적으로 성취해 나가시는 하나님의 은혜를 깨닫게 되어 감사와 찬양을 드리게 합니다.

본문은, "네 수치를 가리게 하였노니 네 일이 다 해결되었느니라" (16)

하고 마치고 있는데, 감당 못할 시험을 당할 즈음에 막아주시고 피할 길을 열어주시는 하나님을 찬양하십시다.

적용

하나님은 형제를 "왕 같은 제사장"이라고 말씀하십니다. 아들로 대우하고 계십니다. 그런데 우리들은 왜 하나님을 자랑하지 못하고, 어찌하여 높여드리지 못하는 것일까요? 자식의 잘못으로 인하여 부모에게 욕을 돌리듯 우리는 언제까지 하나님 아버지의 이름이 우리로 말미암아 모독을 받으시게 할 것입니까? 매사에 하나님의 이름과 명예를 최우선으로 생각하십시다.

나누어봅시다

1, 20장의 사건이 일어난 시점에 대해서,

2, 20장을 아브라함 중심으로 보면 어떻게 되는가에 대해서,

3, 하나님 중심으로 볼 때에 어떤 장이 되는가에 대해서,

21장
언약을 지키신 하나님

첫째 단원(1-7) 말씀하신 대로, 말씀하신 기한에
둘째 단원(8-21) 여종과 그 아들을 내어쫓으라
셋째 단원(22-34) 브엘세바

내용 관찰

21장의 중심점은 "여호와께서 말씀하신 대로 사라를 돌보셨고 여호와께서 말씀하신 대로 사라에게 행하셨으므로, 말씀하신 시기에" 언약의 자식인 이삭이 태어나는데 있습니다. 하나님께서는 생리적으로는 불가능한 아브라함에게 약속하신 대로 자손을 주신 것입니다.

이 말씀은 우리를 말씀(성경)대로 태어나시고 말씀대로 죽으시고 말씀대로 부활하신(고전 15:3) 예수 그리스도에게로 인도해 줍니다. 이삭은 "웃음"이란 뜻인데, "사라가 이르되 하나님이 나를 웃게 하시니 듣는 자가 다 나와 함께 웃으리로다"(6) 합니다. "온 백성에게 미칠 큰 기쁨의 좋은 소식"은 "듣는 자가 다 함께 웃게 되는" 복음인 것입니다.

그런데 함께 웃지 못한 자들이 있었는데 여종 하갈과 종의 자식인, "이스마엘"입니다. 16장에서는 하갈이 여주인을 "멸시"했는데, 21장에서는 그의 소생이 언약의 자손을 "희롱"을 하고 있는 것입니다. 이점을 신약성경에서는 "그러나 그 때에 육체를 따라 난 자가 성령을 따라 난 자를 박해한 것 같이 이제도 그러하도다"(갈 4:29) 합니다.

하나님께서 하갈에게, "돌아가서 그 수하에 복종하라"(16:9) 하셨는데, 그들은 복종하지를 않고 배척을 한 것입니다. 그렇다면 "이 여종과 그 아들을 내쫓으라 이 종의 아들은 내 아들 이삭과 함께 기업을 얻지 못하리라"(10) 하는 결과에 이르게 되는 것입니다.

쫓겨난 하갈과 이스마엘이 광야에서 방황하면서 물이 없어 죽어갑니다. 이것이 그리스도를 배척하는 불신자의 상태인 것입니다. "그 때에 너희는 그리스도 밖에 있었고 이스라엘 나라 밖의 사람이라 약속의 언약들에 대하여 외인이요 세상에서 소망이 없고 하나님도 없는 자이더니"(엡 2:12) 합니다.

그러나 하나님께서 그들의 눈을 밝히시매 "샘물"을 발견하게 된다는 것과(19), 20장에서 사라를 취하려던 아비멜렉이 찾아와서, "그 때에 아비멜렉과 그 군대 장관 비골이 아브라함에게 말하여 이르되 네가 무슨 일을 하든지 하나님이 너와 함께 계시도다"(22) 한 것은, 이방인들이 예수 그리스도로 말미암아 구원에 참여하게 될 것을 예시해주고 있다 하겠습니다.

형제는 계집 종(율법)에게서 난 이스마엘과 같은 신분이 아닙니다. 이삭과 같은 성령을 따라 난 약속의 자녀입니다. "자녀이면 또한 상속자 곧 하나님의 상속자요 그리스도와 함께 한 상속자"(롬 8:17)라고 말씀합니다. 그렇다면 영광을 받기 위하여 고난에도 함께 받아야 하리라 하십니다.

적용

우리의 신분은 약속의 자녀이나 상속자의 영광은 장래에 주어질 것이요, 현재는 그리스도의 고난에 참여해야 할 주의 종임을 명심하십시다.

나누어봅시다

1, 약속의 자녀가 태어나게 된 근거와 시기에 대해서,

2, "나와 함께 웃으리로다"와, 함께 웃지 못하는 자에 대해서,

3, 배척한 종말이 어떻게 되는가에 대해서,

22장

맹세로 보증하신 하나님

첫째 단원(1–8) 사랑하는 독자를 번제로 드리라

둘째 단원(9–14) 대신하여 드린 번제

셋째 단원(15–24) 언약하신 바를 맹세로 보증하심

내용 관찰

22장의 중심점은 하나님께서 메시아언약을 5번째로 다짐을 하시면서, "맹세"로 보증하여주신데 있습니다. 22장은 "그 일 후에 하나님이 아브라함을 시험하시려고"(1) 하고 시작이 됩니다. "그 일 후"란 좁은 문맥으로는 21장 이후를 가리키지만 넓은 문맥으로는 12장-21장까지, 즉 아브라함을 부르셔서 약 40년 동안 훈련을 하신 후를 가리키는 "그 일 후"인 것입니다.

그러므로 22장의 "시험"을 아브라함 개인의 신앙을 시험하신 것으로 여겨서는 아니 됩니다. 이제 "여자의 후손" 곧 그리스도께서 아브라함의 자손으로 오실 것은 확실해졌으나, 어떤 방법에 의하여 천하만민이 구원의 복을 받게 되는가? 하는 점은 아직 계시하시지 않으셨던 것입니다. 하나님께서는 이를 예표로 보여주시려는데 아브라함이 과연 이를 감당할 수 있을까 하는 점이 "시험"으로 표현이 된 것입니다.

이점이 "여호와께서 이르시되 네 아들 네 사랑하는 독자 이삭을 데리고 모리아 땅으로 가서 내가 네게 일러 준 한 산 거기서 그를 번제로 드리라"(2) 하신 말씀에 나타납니다. "번제할 어린양은 어디 있나이까" 하는 이삭의 말에, 아브라함이 "번제할 어린양은 하나님이 자기를 위하여 친히 준비하시리라"(8) 한 것은 선지자(20:7)의 영에 의하여 행한 예언이었던 것입니다.

이 말이 1차적으로는 "숫양을 가져다가 아들을 대신하여 번제로 드렸더라"(13) 한 것으로 성취가 되지만 "대신하여 드린 양"은, "그러므로 주께서 세상에 임하실 때에 이르시되 하나님이 제사와 예물을 원하지 아니하시고 오직 나를 위하여 한 몸을 예비하셨도다"(히 10:5) 한 그리스도에 대한 그림자였던 것입니다.

사랑하는 독자 이삭을 결박하여 단에 올려놓고 칼을 들어 치려 한 것은 아버지 아브라함이었습니다. 이는 "이 예수를 하나님이 그의 피로써 믿음으로 말미암는 화목제물로 세우셨으니"(롬 3:25) 한 예표인데, 자기 아들을 갈보리 십자가에 세우신 분은 하나님 아버지시었습니다.

아브라함은 시험을 감당함으로 하나님께서 보여주시고자 한 계시를 드러낸 것입니다. 하나님께서는 이 예표를 통해서 "자기 아들을 아끼지 아니하시고 우리 모든 자를 위하여 내어주실" 것을 계시하셨던 것입니다.

"내가 나를 가리켜 맹세하노니" 하시면서 5번째로 언약을 세워주셨는데 첫째는, "네 씨가 크게 번성하여 하늘의 별과 같고 바닷가의 모래와 같게 하리니" 하시고 둘째는, "네 씨가 그 대적의 성문을 차지하리라" 하시고 셋째는, " 또 네 씨로 말미암아 천하 만민이 복을 받으리니"(16-18) 하십니다.

"대적의 성문을 차지하리라"는 것은 사탄을 정복하게 될 것을 가리키는데 어떤 방법에 의하여 승리하게 되는가? 또한 어떤 방법에 의하여 "천하 만민이 복을 받게" 되는가? "번제", 즉 그리스도께서 죽으시고 다시 사심을 통해서라는 것이 22장을 통해서 보여주시려는 계시입니다.

"약속과, 맹세"를 가리켜, "이는 하나님께서 거짓말 하실 수 없는 변치 못할 두 가지 사실(히 6:18)이라고 말씀합니다. 주님께서는, "너희 조상 아브라함은 나의 때 볼 것을 즐거워하다가 보고 기뻐하였느니라"(요 8:56) 하시는데, 아브라함은 모리아 산에 올라 멀리 2천년 후에 되어질 갈보리 산을 바라보았던 것입니다.

적용

하나님께서 언약을 다섯 번 다짐하시고 맹세로 보증하여 주신 바를 그대로 지켜주신 하나님, 이제 하나 남은 "너희를 영접하러 오리라" 하신 재림의 약속도 지켜주실 것을 확신할 수가 있는 것입니다.

나누어봅시다

1, 아브라함을 시험하사 보여주시고자 한 구원 계시에 대해서,

2, "하나님이 친히 준비하시리라" 하신 구속사적 의미에 대해서,

3, "대적의 문을 얻으리라"와, "만민이 복을 얻으리라"가 어떤 방도로 가능해지는가에 대해서,

23장
소망을 심은 사람들

첫째 단원(1-9) 사라의 죽음
둘째 단원(10-20) 유일한 소유인 가족묘지

내용 관찰

23장은 사라의 죽음과 장례에 관한 내용인데, 중심점은 4번 등장하는, "소유"라는 말에 있습니다. 아브라함은 평생에 "발 붙일 만큼도" (행 7:5) 땅을 소유한 적이 없었고 오직 가족묘지인 막벨라 밭과 굴 뿐이었습니다.

"사라가 백이십 칠세를 살았으니 이것이 곧 사라가 누린 햇수라" (1) 합니다. 아브라함은 사라를 위하여 슬퍼하며 애통하다가, "내게 매장할 소유지를 주어 내가 나의 죽은 자를 내 앞에서 내어다가 장사하게 하시오" (4) 하고 요청합니다. 저들은 "우리 묘실 중에서 좋은 것을 택하여 당신의 죽은 자를 장사하소서" (6) 하고 말합니다.

이점에서 유념할 점은 아브라함은 저들이 말하는, "우리 묘실", 즉 가나안 사람의 묘실에 장사하기를 원치 아니하고, 값을 주고 사서 "자기 소유"에 장사하기를 원하고 있다는 점을 주목해야만 합니다. 살 필요가 없이 그냥 장사하라는 것을 몇 번의 실랑이 끝에 은 400백 세겔을 주고, "이와 같이 그 밭과 거기에 속한 굴이 헷 족속으로부터 아브라함이 매장할 소유지로 확정되었더라"(20) 합니다. 그렇다면 아브라함은 무엇 때문에 매장지를 자기 소유로 삼고자 그토록 집념을 보인 것인가 하고 물어야 마땅합니다. 첫째는, 이 땅을 주리라 하신 하나님의 약속과, 400년 후에 성취(15:15)될 것을 믿었다는 증거요, 이점을 자손들에게 물려주기 위해서였습니다.

둘째는, 부활 신앙입니다. 사라의 죽음은 22장에서 이삭을 드리라는 사건 뒤에 주어진 것을 주목해야만 합니다. 성경은 아브라함이 언약의 자손인 이삭을 번제로 드리라 하시는 명에 순종할 수 있었던 것은, 하나님께서 세워주신 메시아언약을 성취하시기 위해서 다시 살려 주실 것을 믿었기(히 11:19) 때문이라 말씀하고 있습니다. 아브라함은 막벨라 밭에다가 부활의 소망을 심어놓은 것입니다.

셋째로, 이 굴에는 사라 뿐만 아니라 아브라함 자신과 이삭과 리브가, 야곱과 레아도 장례 되었습니다. 이점을 신약성경은, "이 사람들은 다 믿음을 따라 죽었으며 약속을 받지 못하였으되 그것들을 멀리서 보고 환영하며 또 땅에서는 외국인과 나그네임을 증언하였으니 그들이 이같이 말하는 것은 자기들이 본향 찾는 자임을 나타냄이라"(히 11:13-14) 하고 말씀합니다.

23장을 통해서 말씀하고자 하는 바는 22장에서 계시하여 주신대로 그리스도의 대속적인 죽음을 통해서 구원을 얻은 하나님의 자녀들에게는 "죽어도 산다"는 부활의 소망과, 영적 가나안인 영원한 하늘나라 기업이 있음을 말씀해 주고 있습니다.

이런 맥락에서 아브라함의 진정한 소유는 굴이 아니라 "언약"이었고, 이를 소유하는 방편은 "믿음"이었던 것입니다.

적용

형제에게도 자손들에게 물려줄 막벨라 굴이 있습니까?

나누어봅시다

1, 아브라함의 유일한 부동산은 무엇입니까?

2, 매장지에 왜 그토록 집념을 보였는지 세 가지 이유에 대해서,

3, "믿음을 따라 죽었으며 약속을 받지 못하였다"는 의미에 대해서,

24장

하나님이 짝지어주신 이삭의 신부

첫째 단원(1-9) 이삭의 아내를 택하라
둘째 단원(10-49) 리브가를 만나게 하심
셋째 단원(50-67) 사라의 자리가 채워짐

내용 관찰

24장의 내용은 이삭의 결혼 이야기입니다. 24장에는 "아브라함, 늙은 종, 리브가, 브두엘" 등이 등장하는데 주인공은 "리브가"입니다. 왜냐하면 하나님께서 "열국의 어머니가 되게 하리니"(17:16) 하신 사라가 떠나고 난 후 비어 있는 그 자리를 리브가로 채우시기 때문입니다. 이점이 "너는 천만인의 어머니가 될지어다"(60) 하는 말에 나타납니다.

24장은, "이삭이 리브가를 인도하여 그의 어머니 사라의 장막으로 들이고 그를 맞이하여 아내로 삼고 사랑하였으니 이삭이 그의 어머니를 장례한 후에 위로를 얻었더라"(67) 하고 마치고 있는데, 사라의 자리가 리브가로 채워진 것입니다. 이런 맥락에서 이삭의 결혼은 메시아의 줄기를 이어줄 자손(씨)과 관계가 있는 것입니다.

하나님께서 아브라함에게 약속하신 것은 자손과 땅입니다. 아브라함에게 항상 두 가지 유혹과 위험이 따르고 있었는데, 첫째는, 세상 유혹에 이끌리어 약속의 땅을 떠나는 일인데, 한 번은 애굽으로 내려갔고(12:10) 또 한 번은 그랄(20:1)로 내려갔다가 큰 위기를 당한 경험이 있습니다.

둘째는 세상과 타협한 나머지 가나안 족속과 섞이는 위험입니다. 이삭의 결혼은 이 두 가지 위험에 빠지지 않은 채 이루어져야 하는 것입니다. 그래서 첫째로, "이 지방 가나안 족속의 딸 중에서 내 아들을 위하여 아내를 택하지 말라" (3) 하는 것입니다.

둘째로, "삼가 내 아들을 그리로 데리고 돌아가지 말라(6) 하고 경계합니다. 아브라함은, "하늘의 하나님 여호와께서 나를 내 아버지의 집과 내 고향 땅에서 떠나게 하시고 내게 말씀하시며 내게 맹세하여 이르시기를 이 땅을 네 씨에게 주리라 하셨으니 그가 그 사자를 너보다 앞서 보내셔서" (7) 예비해 놓으신 신부를 맞이하게 해주실 것을 믿었던 것입니다.

22장에 보면, "네 씨로 말미암아 천하만민이 복을 얻으리니" (22:18) 하고 언약을 세워주시는 끝부분에 불쑥, "브두엘은 리브가를 낳았고" (23) 하는 말씀이 나오는데 이는 이삭의 아내로 리브가를 예선해 놓으셨음을 드러내고 있는 것입니다.

아브라함의 믿음 대로 하나님께서는 이삭의 아내로 리브가를 예선해 놓으셨다가, "순조롭게 만나게" (12) 해주셨습니다. 늙은 종은 "나는 아브라함의 종이니이다" (34) 하고 말하고, 리브가는 "네가 이 사람과 함께 가려느냐" 하고 묻는 말에 서슴지 않고 "가겠나이다" (58) 합니다.

이삭과 리브가의 결혼 이야기를 통해서 몇가지 모범을 보게 되는데 첫째는 그리스도와 교회와의 관계요, 둘째는 리브가의 헌신적인 모습이 신부 된 우리의 모범이 되고, 셋째는 충성스러운 종의 모범을 통해서 "정결한 처녀로 한 남편인 그리스도께 드리려고 중매" (고후 11:2)하는 주의 종의 사명과 자세를 배우게 됩니다.

적용

"우리가 즐거워하고 크게 기뻐하며 그에게 영광을 돌리세 어린 양의 혼인 기약이 이르렀고 그의 아내가 자신을 준비하였으므로" (계 19:7).

나누어봅시다

1, 리브가로 사라의 자리를 채우게 하시는 구속사적 의미에 대해서,

2, 신부 리브가의 헌신적인 모습에 대해서,

3, 충성스러운 종을 통해서 본받아야 할 점에 대해서,

25장

두 국민 두 민족으로 나누리라

첫째 단원(1-11) 아브라함의 죽음
둘째 단원(12-26) 하나님의 주권적인 선택
셋째 단원(27-34) 육과 영의 특성

내용 관찰

25장에는 "아브라함, 이삭, 야곱" 3대가 등장을 합니다. 아브라함은 이삭을 장가 보내는 것을 마지막 사명으로 구속사의 무대를 떠나게 되는데, "자기 서자들에게도 재산을 주어 자기 생전에 그들로 하여금 자기 아들 이삭을 떠나 동방 곧 동쪽 땅으로 가게 하였더라"(6) 하고, 가사를 정리합니다.

이삭의 아내 리브가가 20년 동안이나 잉태하지 못하다가 잉태하게 되는데, "그 아들들이 그의 태 속에서 서로 싸우는지라" 합니다. 그래서 하나님께 물었더니 "두 국민이 네 태중에 있구나 두 민족이 네 복중에서부터 나누이리라"(23) 하시는 것이 아닌가?

이처럼 "에서와 야곱"은 이삭의 쌍둥이 아들로 태어나 구속사의 무대에 등장을 하게 되는데 이것이 우연한 일이 아니라 하나님께서는 이를 통해서, "그 자식들이 아직 나지도 아니하고 무슨 선이나 악을 행하지 아니한 때에 택하심을 따라 되는 하나님의 뜻이 행위로 말미암지 않고 오직 부르시는 이로 말미암아 서게 하려 하사"(롬 9:11) 하고, 논란이 많은 예정교리를 계시하셨던 것입니다.

하나님의 주권이 가장 강조되어 있는 것이 창세기요, 하나님의 주권을 세우다 보면 필연적으로 도달하게 되는 것이 예정교리인 것입니다. 그러므로 예정교리는 논쟁하라고 주어진 것이 아니라, 구원에 대한 최종적인 확신을 주는 영광스러운 교리인 것입니다.

예정교리가 아니라면 어떻게 되는가? 구원에 이를 수 있는 자는 한 사람도 없다는 결론에 이르게 됩니다. 원죄 하에 태어나는 자들은 모두가 본질상 진노의 자식들인데 하나님의 긍휼로 택하심을 따라 여자의 후손의 줄기에 들게 되고, "남은 자들"이 되어 견인하심으로 구원이 가능하여지기 때문입니다.

"하갈과 이스마엘, 사라와 이삭"을 통해서는 율법은 종을, 복음은 자녀를 생산한다는 점을 계시해 주신 하나님께서는, "에서와 야곱"을 통해서는 하나님의 주권적인 "선택교리"를 계시해주십니다. 이는 3:15절에서 "여자의 후손과 뱀의 후손", 두 부류로 갈라지리라 선언하신 것이 어떤 방도로 되어지는 가를 극명하게 나타내 보여주신 사건이 "에서와 야곱"을 통해서인 것입니다.

이점에서 유념해야 할 점은 구원은 "택하심"으로 말미암은 것이지만 육에 속한 자와 영에 속한 자의 특성이 다르게 나타난다는 점입니다. 에서는, "내가 죽게 되었으니 이 장자의 명분이 내게 무엇이 유익하리요"(32) 하고 팥죽 한 그릇에 팔아버렸으나, 야곱은 평생을 "장자의 명분", 즉 여자의 후손의 줄기에 들기 위해서 고난의 삶을 삽니다. "에서가 먹으며 마시고 일어나 갔으니 에서가 장자의 명분을 가볍게 여김이었더라"(34) 하는데 신약성경은, "음행하는 자와 혹 한 그릇 음식을 위하여 장자의 명분을 판 에서와 같이 망령된 자가 없도록 살피라"(히 12:16) 하고 경계합니다.

적용

예정 교리는 불신자에게 적용하라고 주어진 것이 아니라 구원에 대한 감사와 확신을 위해서 주어진 것입니다. 하나님께서 형제를 택하셨다는 점에 대해 형제의 느낌은 어떠합니까?

나누어봅시다

1, 두 부류로 갈라지게 된 비극은 언제부터입니까?

2, 예정교리가 아니라면 어떻게 되는가에 대해서,

3, 육에 속한 자와 영에 속한 자의 특성이 어떻게 다른가에 대해서,

26장
이삭에게 언약을 계승시키심

첫째 단원(1-11) 그랄로 내려간 이삭
둘째 단원(12-22) 물질 축복을 받은 이삭
셋째 단원(23-35) 브엘세바로 올라온 이삭

내용 관찰

26장의 중심점은 하나님께서 아브라함에게 세워주셨던 메시아언약을 이삭에게 계승시켜 주시는데 있습니다. 언약은 변함없이 "네 자손을 하늘의 별과 같이 번성케 하며 이 모든 땅을 네 자손에게 주리니 네 자손을 인하여 천하 만민이 복을 받으리라"(4) 하신, "자손과, 땅과, 복"입니다. 이 언약은 "내가 네 아비 아브라함에게 맹세한 것을 이루어"(3) 하신대로, 하나님께서 주권적으로 "이루어" 나가실 언약인 것입니다.

이삭이 "그랄로 가서 블레셋 왕 아비멜렉에게 이르렀더니"(1) 한 것은, "삼가 내 아들을 그리로 데리고 돌아가지 말라"(24:6)는 하나님의 뜻에 어긋나는 잘못입니다. 이처럼 하나님의 언약에 굳게 서 있지 못하고 약속의 땅을 떠나기만 하면 아내를 빼앗길 뻔한 큰 시험을 만나게 됩니다.

"이삭이 그 땅에서 농사하여 그 해에 백 배나 얻었고 여호와께서 복을 주시므로 그 사람이 창대하고 왕성하여 마침내 거부가" (12-13) 되었다고 말씀합니다. 이럴 경우 미련한 인간은 "복"만을 보고 하나님의 뜻을 곡해합니다. 시편은 "여호와께서는 그들이 요구한 것을 그들에게 주셨을지라도 그들의 영혼은 쇠약하게 하셨도다" (시 106:15) 합니다.

그랄의 삶을 보십시오. " 또 다른 우물을 팠더니 그들이 또 다투므로 그 이름을 싯나라" (21), 즉 대적이라 했는데 "사탄"이란 어원과 같은 뜻입니다. 그랄에서의 삶은 물질적인 풍요는 누렸으나 영적으로 쇠약한 가운데 있었고, 불안과 다툼의 연속이었습니다.

2절에서는 "내려가지 말고" 하셨는데, 23절은 "이삭이 기기서부터 브엘세바로 올라갔더니" 하고, "올라갔다" 하고 말씀합니다. 그러자 "그 밤에 여호와께서 그에게 나타나 이르시대" (24) 하고, 비로소 하나님께서 나타내십니다. 하나님은 그에게 언약을 재차 다짐해주십니다. "이삭이 그곳에 단을 쌓아 여호와의 이름을 부르고 거기 장막을 쳤더니" (25), 이삭을 괴롭히던 대적 자들이 자진해서 찾아와 화친을 요구하고, 이삭의 종들은 "우리가 물을 얻었나이다" (32) 하고, 형통케 됩니다.

형제가 추구하는 바가 무엇입니까? 물질적인 축복입니까? 아니면 하나님 자신입니까? 그랄에 거하기를 원하십니까? 아니면 브엘세바로 올라가기를 원하십니까?

적용

그랄의 삶에는 "하나님의 나타내심, 언약을 세워주심, 단을 쌓고 여호와의이름을 부름" 등이 없습니다. 형제의 현재 위치는 그랄입니까? 브엘세바입니까?

나누어봅시다

1, 하나님께서 이삭에게 계승시켜주신 언약에 대해서,

2, 이삭이 그랄로 내려가서 얻은 것과 잃은 것에 대해서,

3, 이삭이 브엘세바로 올라오자 어떤 변화가 일어났는가에 대해서,

27장

하나님의 뜻을 거역하려는 이삭

첫째 단원(1-4) 육신의 소욕

둘째 단원(5-29) 영의 소욕

셋째 단원(30-46) 하나님의 뜻대로 되도다

내용 관찰

27장의 내용은 이삭이 에서에게 베풀려고 하는 장자의 축복을 리브가와 야곱이 공모하여 빼앗는 내용입니다. 이 싸움은 리브가의 태 속에서부터 시작되었고 에서가, "내가 죽게 되었으니 이 장자의 명분이 내게 무엇이 유익하리요" (25:32) 하고 장자의 명분을 팥죽 한 그릇에 팔았을 때 이미 결판이 난 싸움입니다.

에서는 육에 속한 자요, 야곱은 영에 속한 자의 모형입니다. 그런데 우리를 놀라게 하는 것은 이삭이 에서에게, "내가 즐기는 별미를 만들어 내게로 가져와서 먹게 하여 내가 죽기 전에 내 마음껏 네게 축복하게 하라"

(4) 하고, 하나님의 뜻을 거역하고 육신의 소욕을 좇아 행하려 하고 있다는 점입니다. 이는 "이삭이 나이가 많아 눈이 어두워 잘 보지 못하더니" (1) 한 묘사가 상징적으로 말해주듯 분별력이 흐려졌기 때문입니다.

그렇다고 리브가가, "큰 자는 어린 자를 섬기리라" (25:23) 하신 하나님의 뜻을 받들기 위해서, "너의 저주는 내게로 돌리리니 내 말만 따르고 가서 가져오라" (13) 한 처사를 정당시하거나 본받아야 할 모범으로 부추겨서는 아니 됩니다. 그렇게 되면 하나님의 신정(神正)성이 훼손이 되기 때문입니다. 예배당을 짓기 위해서 벽돌을 훔치는 일이 용납될 수는 없는 것입니다.

리브가의 행동은 하나님의 뜻을 받드는 것 같으나 사라가 하갈을 통해서 자식을 얻으려 한 것과 같이 하나님의 뜻을 인간의 수단 방법으로 이루려는 잘못이라는 점도 간과해서는 아니 됩니다.

그러나 본문은 이런 교훈을 하려는 것이 아니라, "여자의 후손"이 어떤 줄기로 오시게 되었는가를 보여주려는데 있다는 점을 놓치지 말아야만 합니다. 에서는 "내 아버지여 아버지가 빌 복이 이 하나 뿐이리이까 내 아버지여 내게 축복하소서 내게도 그리하소서" (38) 하고 소리를 높여 울었다고 합니다. 이점을 신약성경에서는, "너희가 아는 바와 같이 그가 그 후에 축복을 이어받으려고 눈물을 흘리며 구하되 버린 바가 되어 회개할 기회를 얻지 못하였느니라" (히 12:17) 말씀합니다.

이 사건으로 인해서 야곱은 정든 집을 떠나 외로운 방랑의 길을 걷게 되는데 여기에는 첫째로, 자신의 수단과 방법만을 의지하려는 야곱을 깨뜨리시려는 하나님의 훈련계획이라는 점과, 둘째는 악을 선으로 바꾸시는 하나님의 놀라운 섭리인데 "생명의 어머니"의 대를 이을 야곱의 아내를 맞이하게 하여 12지파의 족장이 될 12아들을 낳게 하시려는 점입니다. 이점을 다음 장에서 보게 될 것입니다.

적용

27장의 비극은 분별력이 흐려진 이삭이 원인제공을 했다는 점과, 여기에 하나님의 뜻을 인간의 수단방법으로 이루려는 리브가의 아집이 가세한 결과입니다. 이는 우리의 거울이 되고 경계가 됩니다.

나누어봅시다

1, 육신의 소욕을 좇는 이삭의 처사에 대해서,

2, 리브가와 야곱의 처사에 대해서,

3, 악을 선으로 바꾸시는 하나님의 섭리에 대해서.

28장

야곱에게 언약을 계승시키심

첫째 단원(1-9) 이삭의 축복

둘째 단원(10-15) 벧엘의 하나님

셋째 단원(16-22) 야곱의 고백

내용 관찰

28장의 중심점은 도망가는 야곱에게 하나님께서 나타나셔서, "나는 여호와니 너의 조부 아브라함의 하나님이요 이삭의 하나님이라" 하시면서 메시아언약을 야곱에게 계승시켜주시는데 있습니다. "네 자손이 땅의 티끌 같이 되어 네가 서쪽과 동쪽과 북쪽과 남쪽으로 퍼져나갈지며 땅의 모든 족속이 너와 네 자손으로 말미암아 복을 받으리라"(13-14) 하고, 언약은 변함없이 "땅과, 자손과, 복"입니다.

언약을 세워주신 후에, "내가 너와 함께 있겠다, 네가 어디로 가든지 지켜주겠다. 너를 이끌어 이 땅으로 돌아오게 하겠다. 네게 허락한 것을 다 이루기까지 너를 떠나지 않겠다"(15) 하고 보장해주십니다. 이는 야곱에게 그럴만한 자격이 있어서가 아니라, 야곱이 메시아언약의 계승자이기 때문입니다.

그러므로 야곱의 하란 행은 징벌의 의미만이 있는 것이 아니라, "거기서 네 외삼촌 라반의 딸 중에서 아내를 맞이하라"(1) 한 "생명의 어머니"를 맞이하게 하시려는 하나님의 섭리와, 야곱이 혼자 떠났다가 12지파 족장들이 될 12아들을 거느리고 돌아오게 하시려는 계획이 있으시다는 점을 간과해서는 아니 됩니다.

야곱이 "꿈에 본즉 사닥다리가 땅 위에 서 있는데 그 꼭대기가 하늘에 닿았고 또 본즉 하나님의 사자들이 그 위에서 오르락내리락 하고"(12) 합니다. "사닥다리" 환상을 보여주시는 하나님의 의도가 무엇인가? "오르락내리락" 했다는 것은 교제와 교통을 나타내는데, 죄로 말미암아 끊어졌던 하나님과의 교제가 회복되기 위해서는 "사닥다리"와 같은 중보가 필요하다는 점을 보여줍니다.'

주님께서는, "진실로 진실로 너희에게 이르노니 하늘이 열리고 하나님의 사자들이 인자 위에 오르락 내리락 하는 것을 보리라"(요 1:51) 하심으로 이 "사닥다리"가 그리스도에게서 성취될 예표임을 말씀하셨습니다.

이를 본 야곱은, "여호와께서 과연 여기 계시거늘 내가 알지 못하였도다, 두렵도다 이곳이여 이것은 다름 아닌 하나님의 집이요 이는 하늘의 문이로다"(16-17) 하고 고백합니다. 주님은 자신의 몸을 성전이라 하시고, "내가 문이다" 하십니다.

그런데 측량할 수 없는 하나님의 말씀을 들은 야곱이, "하나님이 나와 함께 계셔서 내가 가는 이 길에서 나를 지키시고 먹을 떡과 입을 옷을 주시어 내가 평안히 아버지 집으로 돌아가게 하시오면 여호와께서 나의 하나님이 되실 것이요, 십분의 일을 내가 반드시 하나님께 드리겠나이다" (20-22) 하는 낮은 서원을 하는 것을 대하면서 오늘 우리의 저급한 기도를 생각하게 됩니다.,

적용

야곱에게 하신 보장은 형제에게도 유효합니다. 야곱은 메시아가 태어날 계보이기 때문이고, 형제는 메시아를 통해 피로 값 주고 사신 자기 소유이기 때문입니다.

나누어봅시다

1, 야곱에게 계승시키시는 언약의 내용에 대해서,

2, 하나님의 보장이 무엇이며 왜 이렇게 하시는가에 대해서,

3, 하나님의 언약에 대한 야곱의 서원에서 느낀 점에 대해서.

29장

기이한 하나님의 섭리

첫째 단원(1-30) 두 아내를 얻게 된 야곱
둘째 단원(31-35) 여호와를 찬송하리로다

내용 관찰

29장의 중심점은 야곱이 "레아와, 라헬"을 아내로 맞이 하게 되고, 4명의 아들을 얻게 되는 내용입니다. 하란에 도착한 야곱은 우물가에 앉았다가 외삼촌의 딸 라헬을 만나게 됩니다. 팥죽 한 그릇에 장자의 직분을 샀던 야곱은 라헬을 아내로 얻는 대가로 7년을 봉사하게 됩니다. 그러나 결혼 이튿날 아침에 일어나 보니 신부는 라헬이 아니라 언니 레아로 바뀌어 있었습니다.

"외삼촌이 나를 속이심은 어찜이니이까"(25), 이렇게 말하는 야곱은 형 에서로 가장하여 아버지를 속이고 축복을 가로챘던 장본인입니다. 이런 일을 통해서 염소 가죽을 뒤집어 쓰고 아버지를 속이던 일이 얼마나 옳지 못한 일이었는가를 배워야만 했던 것입니다.

그는 라헬을 얻는 대가로 또 7년을 봉사합니다. "여호와께서 레아가 사랑 받지 못함을 보시고 그의 태를 여셨으나 라헬은 자녀가 없었더라"(31) 합니다.

레아는 "르우벤, 시므온, 레위"를 낳은 후에, "그가 또 임신하여 아들을 낳고 이르되 내가 이제는 여호와를 찬송하리로다 하고 이로 말미암아 그가 그의 이름을 유다라 하였고 그의 출산이 멈추었더라"(32-35) 합니다. 외모는 라헬이 아름다웠으나 신앙심은 레아가 보다 아름다웠던 것 같습니다(참고, 30:1, 31:19).

"유다"란 "찬송함"이라는 뜻인데 훗날 야곱도 임종 시에, "유다야 너는 네 형제의 찬송이 될지라"(49:8) 하고 예언적인 축복을 해 줍니다. 이는 무심한 말이 아니라 찬송 받으실 메시아는 야곱의 12아들 중 유다지파를 통해서 오시게 된다는 예언적인 말이었던 것입니다.

결국 레아는 그리스도의 조상의 어미가 되어 죽은 후에 족장들과 함께 막벨라굴에 들어가게 되나(49:31), 라헬은 길가에 장사되었는데(35:19) 이는 하나님의 엄위를 생각하게 하는 대목입니다.

외삼촌은 야곱을 속였으나 하나님은 이를 통해서 그 자손이 번성하는 역사를 이루셨습니다. 하나님께서는 다시 한 번 합력하여 선을 이루신 것입니다.

적용

본문을 통해서 말씀하려는 중심점은 윤리나 교훈이 아니라, 구원계획을 성취해 나가시는 하나님의 주권적인 섭리입니다. 참으로 "셈의 하나님, 유다의 하나님"은 찬양을 받으시기에 합당하십니다.

나누어봅시다

1, 야곱은 외삼촌에게 속고 무엇을 깨달았을까요?

2, 유다의 뜻은 무엇입니까?

3, 레아가 낳은 네 아들의 이름에 담겨 있는 뜻은 무엇입니까?

30장
야곱을 번성케 하신 하나님

첫째 단원(1-24) 내가 하나님을 대신하겠느냐
둘째 단원(25-33) 나는 어느 때나 집을 세우리이까
셋째 단원(34-43) 번창하고 풍부하여진 야곱

내용 관찰

30장에서 야곱은, 29장에서 태어난 네 아들과 합하여 11아들과 디나라는 딸 하나를 얻게 되는데 30장은 이들 자손이 어떤 방도로 번성하게 되었는가를 보여주는 내용입니다.

"라헬이 자기가 야곱에게서 아들을 낳지 못함을 보고 그의 언니를 시기하여 야곱에게 이르되 내게 자식을 낳게 하라 그렇지 아니하면 내가 죽겠노라"(1) 하고 말합니다. "야곱이 라헬에게 성을 내어 이르되 그대를 임신하지 못하게 하시는 이는 하나님이시니 내가 하나님을 대신하겠느냐"(2) 하고 말합니다.

이는 야곱의 자손들을 번성케 하신 이가 하나님이시라는 것과, 인간의 거짓됨을 선으로 바꾸셔서 구원계획을 묵묵히 추진해나가시는 분은 "하나님"이시라는 점을 증언하는 말인 것입니다. 훗날 요셉도 자기 형들에게, "내가 하나님을 대신 하리이까"(50:19) 하고 말하는 것을 대하게 됩니다.

그렇습니다. 구속의 역사는 하나님께서 주권적으로 성취해 나가시는 것으로 그 누구도 대신할 수가 없고, 간섭할 수도 없으며, 막을 자도 없는 것입니다. 그런데 미련한 인간은 자신이 하나님을 대신이라도 하려는 듯한 어리석음을 범할 때가 있습니다.

야곱은 두 아내와 두 여종을 통해서 11아들을 얻게 됩니다. 이들은 훗날 선민 이스라엘의 12족장들이 될 자들인데 출생성분으로 말하면 자랑할 것이라고는 아무 것도 없는 자들임을 적나라하게 보여줍니다. 또한 "그의 재산도 "이에 그 사람이 매우 번창하여 양 떼와 노비와 낙타와 나귀가 많았더라"(43) 합니다.

그런데 여기 중요한 요점이 등장하게 되는데 야곱이 라반에게, "나를 보내어내 고향 나의 땅으로 가게 하소서" 하면서, "나는 언제나 내 집을 세우리이까"(25, 30) 한 말입니다. 이 말이 1차적으로는 대 식구의 가장이 된 야곱이 외삼촌으로부터 독립하고자 하는 것을 뜻하지만 야곱은, 메시아언약의 상속자라는 점입니다. 이런 중대한 사명자인 야곱이 지금 외삼촌 집에서 머슴살이를 하고 있는 것이 아닌가?

반면 바벨탑을 쌓다가 흩으심을 당한 자들은 무엇을 하고 있을 것인가? 이삭을 조롱하다가 추방을 당한 이스마엘 자손들은, 그리고 에서는 지금 무엇을 하고 있을 것인가? 이런 맥락에서 언약의 상속자인 야곱이, "나는 언제나 내 집을 세우리이까" 한 말은, "땅의 모든 족속이 너와 네 자손으로 말미암아 복을 받으리라"(28:14) 하신 하나님의 "집은 언제나 세운단" 말인가 하는 의미가 되는 것입니다.

"집을 세운다"는 주제를 구속사의 맥락으로 보면 의미심장합니다. 하나님께서 다윗에게, "여호와가 너를 위하여 집을 이루고"(삼하 7:11) 하신 말씀과도 결부가 되는데, "모세는 장래에 말할 것을 증언하기 위하여 하나님의 온 집에서 종으로서 신실하였고 그리스도는 하나님의 집을 맡은 아들로서 그와 같이 하셨으니 우리가 소망의 확신과 자랑을 끝까지 굳게 잡고 있으면 우리는 그의 집이라"(히 3:5-6) 하십니다.

성경은 "여호와께서 집을 세우지 아니하시면 세우는 자의 수고가 헛되며 여호와께서 성을 지키지 아니하시면 파수꾼의 경성함이 허사로다"(시 127:1) 하고 말씀합니다. 구원계획은 하나님께서 주권적으로 세워나가시는 역사인 것입니다. 우리도 이렇게 말합시다. "내가 하나님을 대신하리이까?, 나는 언제나 내 집을 세우리이까?"

적용

이스라엘의 12지파 12족장들의 근본은 자랑할 것이 없는 자들입니다. 우리도 자랑할 것이라고는 없는, "세상의 미련한 것들, 약한 것들, 천한 것들과 멸시 받는 것들과 없는 것들" (고전 1:27-28)임을 고백하십시다.

나누어봅시다

1, 라헬이 낳은 아들은 누구입니까?

2, "내가 하나님을 대신하겠느냐"에 대해서,

3, "나는 언제나 내 집을 세우리이까" 한 구속사적 의미에 대해서,

31장
네 조상의 땅으로 돌아가라

첫째 단원(1-16) 돌아가라 하시는 하나님의 명령
둘째 단원(17-42) 하나님의 보호하심
셋째 단원(43-55) 야곱과 라반이 언약을 세움

내용 관찰

31장의 중심점은 하나님께서 야곱에게 드디어 "돌아가라"(3) 하고 명하시는 데 있습니다. 그런데 주목하게 되는 것은, "네 조상의 땅"의 개념이 바뀌었다는 점입니다. 아브라함에게는 하란을 "너의 고향과 친척과 아버지의 집"(12:1)이라 말씀했는데 야곱에게는 가나안을 "네 조상의 땅 네 족속"이라 말씀한다는 점입니다.

그러면 우리의 고향은 어디인가? 이점을 신약성경에서는, "그들이 나온 바 본향을 생각하였더라면 돌아갈 기회가 있었으려니와 그들이 이제는 더 나은 본향을 사모하니 곧 하늘에 있는 것이라 이러므로 하나님이 그들의 하나님이라 일컬음 받으심을 부끄러워하지 아니하시고 그들을 위하여 한 성을 예비하셨느니라"(히 11:15-16) 하고 말씀합니다.

하나님은 야곱에게, "나는 벧엘의 하나님"(13)이라 하십니다. 벧엘은 하나님께서 언약하신 곳이요, 야곱이 서원한 곳이기 때문입니다. 이점에서 생각하게 되는 것은 야곱은 하란 생활 20년 동안, "내가 너와 함께 있어 네가 어디로 가든지 너를 지키며 너를 이끌어 이 땅으로 돌아오게 할지라 내가 네게 허락한 것을 다 이루기까지 너를 떠나지 아니하리라"(28:15) 하신 하나님의 약속을 망각하고 있었던 듯 하다는 점입니다.

그러다가 "네 조상의 땅 네 족속에게로 돌아가라" 하시는 명이 떨어지자 불현듯 잊고 지냈던 하나님의 언약을 상기한 듯싶습니다. 이점이 라헬과 레아에게 "돌아가라" 하셨다는 점을 말해주면서 비로소 하나님께서 지금까지 자기와 함께 하시고(5), 자기를 도와 주셨음을 진술(7, 9)하는 데서 드러납니다.

야곱은 외삼촌 몰래 가족과 재산을 이끌고 도망치듯 떠났지만 10일 만에 추격을 당하게 됩니다. 야곱은 일대 위기를 만난 것입니다. 그러나 "밤에 하나님이 아람 사람 라반에게 현몽하여 가라사대 너는 삼가 야곱에게 선악간에 말하지 말라"(24) 하고 막아 주셨던 것입니다.

하나님께서는 벧엘에서 야곱에게 하신 약속을 지켜주시고 계시는 것입니다. 하나님이 자기 편을 들어주시자 "야곱이 노하여 라반을 책망"(36)하면서, "우리 아버지의 하나님, 아브라함의 하나님 곧 이삭이 경외하는 이가 나와 함께 계시지 아니하셨더라면 외삼촌께서 이제 나를 빈손으로 돌려보내셨으리이다마는 하나님이 내 고난과 내 손의 수고를 보시고 어제 밤에 외삼촌을 책망하셨나이다"(42) 하고 말합니다. 이는 예전의 야곱과는 다른 담대한 모습입니다.

라반이 야곱에게, "딸들은 내 딸이요 자식들은 내 자식이요 양 떼는 내 양 떼요 네가 보는 것은 다 내 것이라 내가 오늘 내 딸들과 그들이 낳은 자식들에게 무엇을 하겠느냐 이제 오라 나와 네가 언약을 맺고 그것으로 너와 나 사이에 증거를 삼을 것이니라"(43-44) 하고 "언약을 맺자" 한 것은, "하나님이 너와 함께 하시기 때문에 너를 당할 수가 없다, 그러니 나에게 보복하지 않겠다고 맹세하라"는 의도가 있는 것입니다.

아브라함을 바로의 손에서(12:17), 이삭을 아비멜렉의 손에서(26:9) 건져주신 하나님은, 야곱을 불 같이 쫓아온(31:36) 라반의 손에서 구해주셨던 것입니다. 파스칼은 아브라함의 하나님 이삭의 하나님 야곱의 하나님 곧 나의 하나님이라고 고백했습니다. 형제도 그러합니까?

적용

"볼지어다 내가 세상 끝날까지 너희와 항상 함께 있으리라"(마 28:20) 약속하시고, 우리를 지켜주시고 인도하시는 주님을 찬양하십시다.

나누어봅시다

1, 하나님께서 야곱에게 가나안 땅으로 돌아가라 명하시는 의도에 대해서,

2, "나는 벧엘의 하나님"이라 하시는 의미에 대해서,

3, 야곱의 위기를 면케 하여주신 하나님에 대해서,

32장

야곱을 이스라엘이 되게 하신 하나님

첫째 단원(1-2) 하나님의 군대

둘째 단원(3-23) 기도하면서도 두려워하는 야곱

셋째 단원(24-32) 이스라엘의 축복

내용 관찰

32장의 중심점은 "네 이름을 다시는 야곱이라 부를 것이 아니요 이스라엘이라 부를 것이라"(28)는 말씀에 있습니다. 이는 구속사에 있어서 한 획을 긋는 분기점이 되는 말씀입니다. 왜냐하면 구속사의 주축이 아브라함, 이삭, 야곱이라는 한 가문에서 "이스라엘"이라는 한 민족(民族)으로 전환이 되는 분기점이기 때문입니다.

32장을 해석하는 비결은 세 가지 관계성을 이해하는 일인데 첫째는, 야곱과 하나님의 사자와의 관계요, 둘째는 야곱과 에서와의 관계요, 셋째는 야곱과 하나님과의 관계입니다.

하나님께서는 언약의 상속자를 호위할 "마하나임", 즉 하나님의 군대(1-2)를 보내주셨습니다. 그런데도 야곱은, "내가 주께 간구하오니 내 형의 손에서, 에서의 손에서 나를 건져내시옵소서 내가 그를 두려워함은 그가 와서 나와 내 처자들을 칠까 겁이 나기 때문이니이다" (11) 하고, 400명을 거느리고 마주 오는 에서를 두려워하여 전전긍긍을 하고 있습니다.

"밤에 일어나 두 아내와 두 여종과 열한 아들을 인도하여 얍복 나루를 건널새 그들을 인도하여 시내를 건너가게 하며 그의 소유도 건너가게 하고 야곱은 홀로 남았더니" (22-24) 합니다. 20년 동안 뒤돌아볼 사이도 없이 움켜주었던 모든 것을, "건네고, 건네고, 홀로 남았더니" 합니다. 하나님께서 야곱을 만나주시기에 이보다 더 좋은 기회가 있단 말인가?

"어떤 사람이 날이 새도록 야곱과 씨름하다가" (24) 합니다. "어떤 사람"을 야곱은 "하나님" (30)으로 이해하고 있습니다. 이것이 야곱과 하나님과의 관계인데, 이점에서 유념해야 할 점은 야곱이 씨름을 건 것이 아니라 하나님 편에서 걸어왔다는 점입니다. 이는 씨름의 목적이 하나님 편에 있다는 점을 나타냅니다.

하나님께서는 약속의 땅으로 돌아오는 야곱을, "이스라엘"이 되게 하시고, 12아들을 선민 이스라엘의 12지파 족장으로 세우시려는 계획을 갖고 계신 것입니다. 이점이 "네 이름을 다시는 야곱이라 부를 것이 아니요 이스라엘이라 부를 것이니" (28) 하는 말씀에 나타납니다. 하나님께서는 야곱으로 떠났다가 이스라엘이 되어 돌아오게 하고, 홀로 떠났다가 12아들을 거느리고 돌아오게 하시려는 것입니다.

만일 야곱에게 "이스라엘"이라는 축복이 주어지지 않았다면 어떻게 되는가?

이제까지의 전례대로 하면 12아들 중 한 아들만이 택함을 받고 나머지지는 유기가 되었을 것입니다.

그러므로 브니엘의 축복은 이스라엘의 모태(母胎)라 할 수가 있습니다. 왜냐하면 여기서 "이스라엘"이라는 민족이 태동이 되었기 때문입니다.

하나님께서 "야곱을 이기지 못했다"는 묘사는 야곱의 아집이 얼마나 강했는가를 나타내고, "허벅지 관절을 치매"(25) 한 것은 그가 의뢰하던 "야곱의 허벅지 관절에 있는 둔부의 힘줄을 쳤다"(32), 즉 의지하던 "힘줄"을 끊어버리셨다는 것이 됩니다. 그 때에야 야곱은, "내게 축복하지 아니하면 가게 하지 아니하겠나이다"(26) 하고 하나님을 붙잡고 매달립니다. 이제까지의 야곱의 씨름은 사람을 붙잡고 겨룬 것이었습니다. "그가 브니엘을 지날 때에 해가 돋았고 그의 허벅다리로 말미암아 절었더라"(31) 합니다.

적용

형제가 믿고 있는 환도 뼈 큰 힘줄은 무엇입니까? 형제는 이제까지 무엇을 붙잡고 씨름을 하였습니까? 하나님을 붙잡고 씨름을 하십시다.

나누어봅시다

1, 씨름을 걸어온 의도와 목적이 누구에게 있는가에 대해서,

2, 야곱이 변하여 이스라엘이 되었다는 구속사적 의미에 대해서,

3, 야곱의 "둔부의 힘줄"을 치신 의미에 대해서,

33장
엘엘로헤 이스라엘

첫째 단원(1-16) 야곱과 에서의 화해
둘째 단원(17-20) 야곱의 배은망덕

내용 관찰

33장은 드디어 야곱과 에서가 만나는 내용입니다. "에서가 달려와서 그를 맞이하여 안고 목을 어긋맞추어 그와 입맞추고 서로 우니라"(4) 합니다. 그토록 두려워했던 에서와의 만남도 하나님께서 선히 해결해주신 것입니다. 야곱이 지혜를 총동원하여 마련한 모든 수단 방법들은 아무 소용이 없는 무용지물이 되고 말았습니다.

외삼촌 라반이 야곱을 "불같이 좇아 왔으나"(31:36) 하나님께서 "너는 삼가 야곱에게 선악간 말하지 말라"(31:24) 하고, 막아주셨던 하나님께서는 에서의 분노를 감화하사 감격적인 만남으로 바꾸어주셨던 것입니다.

하나님께서는 야곱에게, "내가 네게 허락한 것을 다 이루기까지 너를 떠나지 아니하리라"(28:15) 하신 약속을 끝까지 지켜주신 것입니다. 그런데도 하나님을 의뢰하지 못하고 "심히 두렵고 답답해"(32:7) 하면서 불안에 떨고 있는 모습은 얼마나 성실하지 못합니까? 그것은 바로 우리들의 모습이기도 합니다.

야곱은 형 에서가 앞에서 인도해주겠다는 호의를 거절하고, "세일로 가서 내 주께 나아가리다"(14) 하고 말했지만, 야곱은 이 약속을 지키지 않고 숙곳(17)으로 갔습니다. 그런데 문제는 하나님께서, "나는 벧엘의 하나님이라 네가 거기서 기둥에 기름을 붓고 거기서 내게 서원하였으니 지금 일어나 이 곳을 떠나서 네 출생지로 돌아가라"(31:13) 하신 명도 저버렸다는 점입니다.

"야곱이 밧단아람에서부터 평안히 가나안 땅 세겜 성읍에 이르러 그 성읍 앞에 장막을 치고 그가 장막을 친 밭을 세겜의 아버지 하몰의 아들들의 손에서 백 크시타에 샀으며 거기에 제단을 쌓고 그 이름을 엘엘로헤 이스라엘이라 불렀더라"(18-20)는 것은, 크게 잘못한 일이었습니다.

첫째로 "벧엘"로 올라가지 않았다는 점은 약속을 지키지 않았다는 차원이 아니라, 벧엘에서 세워주신 메시아언약을 경히 여긴 것이 됩니다. 둘째는 자신을 위하여 "밭을 샀다"는 것은, 족장들 중 유일한 기록인데 이는 본향을 찾는 나그네 정신에 어긋나는 일이었던 것입니다.

그렇게 한 세겜에서 단을 쌓고 이름을, "엘엘로헤 이스라엘"(20)이라고 불렀다는 것입니다. 이는 하나님께서 "이스라엘이라 하라" 하신 이후의 첫 적용인데 하나님을 뜻하는 "엘"이 3번이나 들어 있어서 가장 하나님중심인 것 같으나, 하나님께서 이 단을 기쁘게 받으신단 말인가? 그리고 그곳에서 평안할 수가 있단 말인가?

적용

심히 두렵고 답답해 하는(32:7) 모습에서 하나님을 신뢰하지 못하는 자신의 모습을 보게 되고, 서원을 망각하고 있는 야곱에게서 자신의 불성실을 보게 되지는 않습니까?

나누어봅시다

1, 야곱의 수단방법이 하나님의 인도하심 앞에 무용지물이 된데 대해서,

2, 세겜에 뿌리를 박으려는 야곱의 잘못에 대해서,

3, "엘엘로헤 이스라엘"이라 하는 자기중심에 대해서,

34장

야곱을 징계하시는 하나님

첫째 단원(1-17) 우리가 서로 통혼하자

둘째 단원(18-31) 치명적인 위기

내용 관찰

34장은 야곱이 징계를 당하는 내용입니다. 야곱이 하나님과의 약속을 저버리고 세겜에서 뿌리를 내리려고 밭을 사고 장막을 치자 하나님께서는 야곱 집에 큰 풍파를 허용을 하셨는데, 야곱의 딸 디나가 그 땅 추장 세겜에게 성 폭행을 당하게 된 것입니다.

하나님께서는 그것을 막아주시지 아니하시고 허용하셨습니다. 왜냐하면 야곱으로 하여금 세겜을 떠나게 하시기 위해서입니다. 이점에서 주목해야 할 점이 있는데, "너희가 우리와 통혼하여 너희 딸을 우리에게 주며 우리 딸을 너희가 데려가고 너희가 우리와 함께 거하자"(9-10) 한 하몰의 제의입니다.

“한 민족”이라는 말이 16절과 22절에 등장합니다. 야곱이 하몰의 제의를 받아드린다면 육적으로는 편할 수도 있을 것입니다만 그러나 하나님의 구원계획은 어찌되는가? 이런 맥락에서 “한 민족”이라는 말이 34장을 해석하는 열쇠와도 같은 말씀입니다.

여자의 후손과 뱀의 후손 두 부류가 “한 민족”으로 합쳐지려는 것이 구속사의 가장 큰 위협이었던 것입니다. 그러나 하나님은 노아의 때도 이를 용납하지 아니하셨고(6장), 아브라함의 때도 순수성을 지키게 하셨으며(24장), 야곱의 경우도 용납하시지 않은 것입니다.

왜냐하면 그의 후손으로 메시아를 보내시려는 계획을 갖고 계시기 때문입니다. 이런 맥락에서 디나 사건은 야곱이 “이스라엘”이 되어 돌아오는 것을 삼키려는 사탄의 궤계라 할 수가 있습니다.

디나의 오빠인 시므온과 레위가, “너희 중 남자가 다 할례를 받고 우리 같이 되면”(15), 한 민족이 되리라고 속여서, “아직 그들이 아파할 때에”(25) 공격을 하여 모든 남자를 죽인 사건은, 사태를 더욱 악화시키어 이로 인하여 “이스라엘”이 된 야곱의 집은 “너희가 내게 화를 끼쳐 나로 하여금 이 땅의 주민 곧 가나안 족속과 브리스 족속에게 악취를 내게 하였도다 나는 수가 적은즉 그들이 모여 나를 치고 나를 죽이리니 그러면 나와 내 집이 멸망하리라”(30) 한 대로 진멸당할 최대의 위기를 맞게 된 것입니다.

이런 시험에 빠지게 된 원인이 어디에 있단 말인가? 그럼에도 불구하고 야곱은, “그들이 모여 나를 치고 나를 죽이리니” 하고 30절 속에 “나”

를 7번이나 발하면서 자신의 잘못을 깨닫지를 못하고 있는 것입니다.

징벌을 당하면서도 하나님의 뜻은 생각하지 않고, 나의 손해만을 생각하는, 이것이 또한 우리들의 모습은 아닌지요.

적용

자신은 세겜성에 뿌리를 받으려 하고 있는 것은 아닌가? 내가 올라가야 할 "벧엘"은 어디인가? 징벌을 당하면서도 하나님의 뜻 보다는 자기중심적인 사고를 하고 있는 것은 아닌가?

나누어봅시다

1, 야곱의 딸 디나 사건의 원인에 대해서,

2, 이를 허용하신 하나님의 의도에 대해서,

3, "한 민족이 되자" 한, 구속사적 의미에 대해서.

35장

엘벧엘

첫째 단원(1-15) 벧엘로 올라가서 단을 쌓으라

둘째 단원(16-29) 야곱의 12아들들

내용 관찰

35장의 중심점은 하나님께서, "벧엘로 올라가서 단을 쌓으라" 하시는 데 있습니다. 그리하여 "야곱이 이에 자기 집안 사람과 자기와 함께 한 모든 자에게 이르되 너희 중에 있는 이방 신상들을 버리고 자신을 정결하게 하고 너희들의 의복을 바꾸어 입으라" (2) 하고 말합니다.

"너희 중에 이방 신상을 버리라" 하는 것은, 라헬이 하란을 떠날 때에, "그의 아버지의 드라빔을 도둑질" (31:19)하여 가지고 있었던 것을 예로 들 수가 있습니다. 그리고 "너희들의 의복을 바꾸어 입으라" 하는 것은, 하나님께서 시내산에 강림하셨을 때에, "오늘과 내일 그들을 성결하게 하며 그들에게 옷을 빨게 하고" (출 19:10) 한 말씀과 상통하는 것으로, 성결케 하라는 뜻입니다.

왜냐하면 "우리가 일어나 벧엘로 올라가자 내 환난 날에 내게 응답하시며 내가 가는 길에서 나와 함께 하신 하나님께 내가 거기서 제단을 쌓으려 하노라"(3), 즉 하나님 만날 준비를 위해서라는 것입니다.

야곱은 "나와 내 집이 멸망하리라"(34:30) 말했으나, "그들이 떠났으나 하나님이 그 사면 고을들로 크게 두려워하게 하셨으므로 야곱의 아들들을 추격하는 자가 없었더라"(5) 하고, 하나님께서 막아주셨다고 말씀합니다.

야곱은 벧엘에 이르러, "그가 거기서 제단을 쌓고 그 곳을 엘벧엘이라 불렀으니 이는 그의 형의 낯을 피할 때에 하나님이 거기서 그에게 나타나셨음이더라"(7) 합니다. 그러자 "하나님이 다시 야곱에게 나타나사 그에게 복을 주시고, 네 이름이 야곱이지마는 네 이름을 다시는 야곱이라 부르지 않겠고 이스라엘이 네 이름이 되리라"(9-10) 하고, "이스라엘"이 된 점을 상기시키십니다.

돌아오는 노중에서 라헬은 베냐민을 해산하다가, "라헬이 죽으매 에브랏 곧 베들레헴 길에 장사되었다"(19)고 말씀합니다. 이런 해산의 고통을 통해서 12족장이 될 12아들이 채워지게 됩니다.

하란에서 돌아오는 야곱은 두 개의 단을 쌓게 되는데, "엘엘로헤 이스라엘(33:20)과, 엘벧엘"(35:7)입니다. 두 단 사이에는 어떤 차이점이 있을까요? 그것은 장소의 문제가 아니라 "언약"의 문제임을 명심해야만 합니다. 벧엘에는 하나님의 언약이 있었고(28장), 세겜에는 없었습니다.

그래서 하나님은 자신을 "벧엘의 하나님"(31:13)이라고 말씀하셨던 것입니다.

또한 벧엘에는, "이방 신상들을 버리고, 의복을 바꾸어 입으라" 한 회개가 있었으나 세겜에서는 없었습니다. 벧엘에는 하나님의 나타내심이 있었고, 세겜에서는 환난이 있었습니다.

결국 야곱은 벧엘을 출발하여 벧엘로 돌아온 것입니다. 그러나 그것은 원점으로 돌아온 환원(還元)이 아니라, 야곱으로 출발하였다가 이스라엘이 되어서 돌아 오고, 단신으로 떠났다가 12족장을 거느리고 돌아온 것입니다. 이것이 야곱에게 향하신 하나님의 계획하심이었던 것입니다.

야곱이 이스라엘이 되어 돌아오자 이삭은 세상을 떠나(29) 구속사의 무대에서 퇴장을 하게 되고, 엥글의 초점이 야곱 곧 "이스라엘"에 맞춰지게 됩니다.

적용

우리가 쌓고 있는 단이 자기 좋을 대로 자기중심적으로 쌓고 있는 세겜의 엘엘로헤 이스라엘 단인가? 아니면 언약의 기초 위에 쌓고 있는 벧엘의 단인가 검토해 봅시다.

나누어봅시다

1, 사면 고을의 추격을 막아주신 하나님에 대해서,

2, 벧엘로 돌아오자 재차 다짐해주시는 이스라엘에 대해서,

3, 세겜의 단과 벧엘의 단의 차이점에 대해서,

36장
왕국을 이룩한 에돔의 자손

첫째 단원(1–8) 다른 곳으로 떠나는 에서
둘째 단원(9–30) 에돔의 족장들
셋째 단원(31–43) 에돔의 왕들

내용 관찰

36장의 중심점은 야곱이 열두 아들과 재물을 이끌고 약속의 땅 가나안으로 돌아오자 에서는, "동생 야곱을 떠나 다른 곳으로 갔다" (6)는데 있습니다. 이것이 에서의 마지막 모습인데 최후심판의 날에도 이러한 비극적인 이별은 있을 것입니다.

36장은 "에서 곧 에돔의 족보는 이러하니라" (1) 하고 시작이 되고, 37장은 "야곱의 족보는 이러하니라" (2) 하고 시작함으로 "에서와, 야곱"을 대조해서 보여주고 있습니다. 성경이 이렇게 하고 있는 것은 두 부류의 갈라짐과 특성을 대조해서 보여주기 위해서입니다.

"에서 자손 중 족장은 이러하니라 에서의 장자 엘리바스의 자손으로는 데만 족장, 오말 족장, 스보 족장, 그나스 족장과 고라 족장, 가담 족장, 아말렉 족장이니 이들은 에돔 땅에 있는 엘리바스의 족장들이요 이들은 아다의 자손이며"(15-16) 하고, 에서의 자손들이 여러 족장들로 번창하였다고 말씀합니다.

또한 "이스라엘 자손을 다스리는 왕이 있기 전에 에돔 땅을 다스리던 왕들은 이러하니라"(31) 하고 8왕의 이름이 등장합니다. 이것은 무엇을 말해주느냐 하면 야곱의 후손인 이스라엘 백성들이 애굽에서 400년 동안 노예 생활을 하고 있는 동안에, 에서의 후예들인 에돔 족속들은 왕국을 이루고 세상에서 부귀와 영화를 누리고 있었음을 나타냅니다.'

셋의 후예에 비해 가인의 후예가 흥왕했고(4:16), 셈의 후손에 비해 함의 후손이 그러했으며(10:6), 이삭의 후예에 비해 이스마엘의 후예가 그러했고(25:12), 이제 야곱의 후손에 비해 에서의 후예가 또한 이처럼 흥왕하는 것을 보여주고 있습니다. 이것은 무엇을 의미합니까?

이점을 다윗은, "여호와여 이 세상에 살아 있는 동안 그들의 분깃을 받은 사람들에게서 주의 손으로 나를 구하소서 그들은 주의 재물로 배를 채우고 자녀로 만족하고 그들의 남은 산업을 그들의 어린 아이들에게 물려주는 자니이다"(시 17:14) 하고, "이 세상에서 자기의 분깃을 받은 사람들"이라고 진술합니다.

그러나 육에 속한 자의 기업은 시들고 쇠하는 땅의 것이지만, 영에 속한 자의 기업은 영원한 신령한 복입니다. 36장은 "에돔 족속의 조상은 에서더라" (43) 하고 끝맺고 있습니다. 그렇다면 형제의 기업은 무엇이며, 조상은 누구입니까?

적용

사도 바울은, "만일 그리스도 안에서 우리가 바라는 것이 다만 이 세상의 삶뿐이면 모든 사람 가운데 우리가 더욱 불쌍한 자이리라" (고전 15:19) 합니다. 형제가 추구하는 것은 이 세상의 복락입니까? 영원한 기업입니까?

나누어봅시다

1, 에서 곧 에돔 자손들의 흥왕을 말씀하는 의도에 대해서,

2, 약속의 땅으로 돌아오는 자와 떠나는 자에 대해서,

3, 육에 속한 자와 영에 속한 자의 기업에 대해서,

37장

한 사람을 앞서 보내신 하나님

첫째 단원(1-11) 꿈꾸는 자 요셉

둘째 단원(12-36) 종으로 팔린 요셉

내용 관찰

37장은 "야곱의 족보는 이러하니라" 하고 시작이 되나 중심점은 형들의 시기에 의해 애굽으로 팔려가는 "요셉"에 있습니다. 그런데 이점을 시편에서는, "그가 한 사람을 앞서 보내셨음이여 요셉이 종으로 팔렸도다" (시 105:17) 하고, 하나님께서 선발대로 보내신 것이라고 해설해주고 있습니다. 그러니까 이 사건도 구원계획을 이루어 나가시는 구속사의 한 과정이라는 뜻입니다.

이스라엘 백성들이 애굽으로 내려가게 될 것이 이미 15장에서 아브라함에게, "네 자손이 이방에서 객이 되어 그들을 섬기겠고 사백 년 동안 네 자손을 괴롭게 하리니(13) 하고 말씀하셨는데 길 예비자로 요셉을 내려

보내신 것입니다.

훗날 요셉은 "당신들이 나를 이곳에 팔았으므로 근심하지 마소서 한탄하지 마소서 하나님이 생명을 구원하시려고 나를 당신들 앞서 보내셨나이다" (45:5) 하고 진술합니다.

요셉이 꿈에 본 것을 형들에게 말하기를, "우리가 밭에서 곡식 단을 묶더니 내 단은 일어서고 당신들의 단은 내 단을 둘러서서 절하더이다" (7) 하니 형들이 말하기를, "네가 참으로 우리의 왕이 되겠느냐 참으로 우리를 다스리게 되겠느냐" (8) 하고, 그의 꿈과 그의 말로 말미암아 그를 더욱 미워했다는 것입니다.

하나님께서는 장차 행하실 일들을 꿈을 통해서 요셉에게 계시해 주셨던(5-11) 것입니다. 요셉이 애굽에서의 그 역경을 묵묵히 이길 수 있었던 것도 그에게는 꿈을 통한 비전이 있었기 때문입니다. "그 형들은 시기하되 그 아비는 그 말을 마음에 두었더라" (11) 하고 말씀합니다.

아버지의 심부름으로 요셉이 형들을 찾아가자, "자, 그를 죽여 한 구덩이에 던지고 우리가 말하기를 악한 짐승이 그를 잡아먹었다 하자 그 꿈이 어떻게 되는 것을 우리가 볼 것이니라" (20) 하고 말합니다 이는 분명히 그 꿈이 성취되지 못하도록 하려는 꿈에 대한 반감이요, 꿈꾸게 한 분을 대적하는 행위였던 것입니다. 형들은 요셉을 애굽의 대상들에게 팔고, 대상들은 바로의 시위대장 보디발에게 팔았습니다.

이스라엘을 애굽으로 내려보내시려는 데는 두 가지 뜻이 있는데 첫째는, 갓 태어난 소수의 "이스라엘", 즉 구약교회를 음란한 가나안 족속과 섞이지 않게 하시려는 것이요(시 105:12), 둘째는 궁극적으로는 출애굽사건을 통해서 영적 출애굽을 계시하시려는 계획이 있으셨기 때문입니다.

"그 꿈이 어떻게 되는 것을 우리가 보리라" 하고, 형들은 비웃듯이 말하였으나 그 꿈이 현실로 성취되는 날이 이를 때에 그들의 두려움이 어떠하겠습니까? 형제에게도 마음에 간직하고 있는 꿈이 있습니까?

적용

우리도 마음에 하나님의 말씀을 간직하고 있어야 합니다. 그로 인하여 미움을 살 수도 있지만 소망의 비전을 갖게 됩니다

나누어봅시다

1, 요셉의 꿈과 형들이 미워하고 죽이려한 의미에 대해서,

2, 요셉을 애굽으로 앞서 보내신 하나님의 두가지 의도에 대해서,

3, 꿈으로 계시하신 구약시대와, 충족된 계시로 주어진 성경에 대해서,

38장
더욱 넘치는 은혜

첫째 단원(1-11) 가나안과 섞이려는 유다
둘째 단원(12-30) 터뜨리고 나온 베레스

내용 관찰

38장의 내용은 애굽으로 팔려간 요셉 이야기 막간(幕間)에 삽입된 "유다" 이야기입니다. 유다는, "가나안 사람 수아라 하는 자의 딸을" 아내로 맞이하여, "엘과, 오난과, 셀라"라는 세 아들을 얻게 됩니다. 맏아들 엘에게도 다말이라 하는 자부를 맞이하게 하나 하나님 보시기에 악하므로 첫째와 둘째가 죽게 되고 다말은 과부가 됩니다.

이처럼 성경이 막간에 유다 이야기를 삽입하고 있는 이유는 어째서 야곱 가족을 애굽으로 내려 보내시지 아니하면 아니 되었는가를 깨닫게 하시기 위해서입니다. 소수의 가족으로 가나안에 머물러 있다는 것은 가나안 족속에게 동화될 위험이 크다는(시 105:12) 사실을 보여주고 있습니다.

또한 유다에게 초점을 맞추고 있는 이유는 구속사의 맥락이 야곱의 12 아들 중에서 유다를 통해서 계승될 것을 암시해 주기 위해서인데, 그런 유다가 집중 공격을 당하고 있는 셈입니다.

유다는 창녀로 가장한 다말과의 관계에서, "베레스와 세라"라는 쌍둥이 아들을 얻게 되는데 이 사실을 안 유다는 말하기를, "그는 나보다 옳도다" (26) 하고 말합니다. 왜냐하면 여인은 그 가문의 후사(後嗣)를 이어줄 의무가 있는데 야곱이 무관심했던 후사를 "다말"이 이어지게 했기 때문입니다. 그리고 이는 그리스도가 오실 통로가 될 상속자이기 때문에 "그는 나보다 옳도다" 한 것입니다.

이 사건은 윤리나 교훈으로는 설명할 수가 없습니다. 이는 구속사의 맥락으로 볼 때만이 이해를 할 수가 있는데, 사탄은 "씨"를 멸하려 하나 하나님께서는 그 때마다 메시아를 보내실 "상속자"를 이어지게 하시기 때문입니다.

룻기서에 보면 보아스가 룻을 취하였을 때에 백성들이 축복하기를, "네게 후사를 주사 네 집으로 다말이 유다에게 낳아준 베레스의 집과 같게 하시기를 원하노라" (4:12) 하고, 다말을 비난하기는커녕 축복의 대상으로 생각하고 있는 것이 이런 맥락에서입니다.

언약백성에게 있어서 후사가 끊어짐이 없이 이어진다는 것이 얼마나 큰 축복인가에 대한 강력한 메시지요, 궁극적으로 여자의 후손이 끊임없이 계승되어 메시아가 탄생하여야만 한다는 구속사적 관점이 아니고서는 설명해 줄 수가 없는 것입니다. 놀랍게도 예수 그리스도의 족보는 "아브라함, 이삭, 야곱, 유다, 베레스"로 이어져 내려오게 되었던 것입니다.

성경은 예수 그리스도의 부끄러운 족보를 진실 그대로 보여주고 있는데 이는 구속사가 대적이 "그의 발꿈치를 상하게"(3:15) 한 전투의 역사임을 의미합니다. 그럼에도 불구하고 하나님의 은혜는 죄를 이기고 더욱 넘쳐서 계획하신 바를 성취해 나가시는 신실하신 하나님을 계시해 주고 있는 것입니다.

적용

예수 그리스도의 족보는 어찌 보면 상처투성이의 족보입니다. 왜냐하면 사탄의 계속적인 공격을 받았기 때문입니다. 형제의 신앙 여정도 상처투성이 일수 있습니다. 너무 낙심하지 마십시오. 죄가 더한 곳에 은혜가 더욱 넘치고 있기 때문입니다.

나누어봅시다

1, 유다 이야기가 삽입된 이유 두 가지에 대해서,

2, 유다가 다말을 가리켜 "그는 나보다 옳도다"한 뜻에 대해서,

3, 구속사에 있어서 "상속자"의 중요성에 대해서,

39장

요셉과 함께 하신 하나님

첫째 단원(1–6) 보냄을 받은 요셉과 함께 하신 하나님
둘째 단원(7–18) 보냄을 받은 요셉을 유혹하는 음녀
셋째 단원(19–23) 보냄을 받은 요셉이 옥에 갇힘

내용 관찰

39장은 "요셉이 이끌려 애굽에 내려가매"(1) 하고 중단되었던 요셉의 이야기가 계속되고 있습니다. 요셉은 시위대장 보디발의 가정 총무가 되었다가 보디발의 처의 모함을 받아 왕의 죄수를 가두는 옥에 갇히게 됩니다.

39장의 핵심적인 말은, "여호와께서 요셉과 함께 하시므로" 라는 말인데 4번(2, 3, 21, 23)이나 강조되어 있습니다. 먼저 두 번은 보디발의 가정 총무 때요, 나중 두 번은 옥에 갇혔을 때입니다. 그러니까 가정 총무로 있을 때나 옥에 갇혔을 때에나 하나님께서는 요셉과 함께 하셨다는 말씀

입니다.

그런데 "아브라함, 이삭, 야곱"에게 나타내셨던 하나님은 요셉에게는 단 한 번도 직접 나타내심이 없었다는 사실입니다. 그렇다면 요셉은 하나님이 자신과 함께 계시다는 것을 어떻게 보여주었는가? 3절에 보면 "보았다"는 말이 두번 나오는데, "그 주인이 여호와께서 그와 함께 하심을 보며 또 여호와께서 그의 범사에 형통케 하심을 보았더라" 하고 말씀합니다.

그 주인이 여호와께서 요셉과 함께 하심을 어떻게 보았을까요? 간수는 어떻게 알았을까요? 첫째는 인격적인 경건성을 통해서 보게 된 것입니다. 처음에는 요셉을 무심히 대하였으나 날이 갈수록 어딘지 다르다 싶었을 것이고, 나중에는 "어쩐지" 하고 하나님께서 그와 함께 하심을 보게 된 것입니다.

둘째는 요셉이 하는 일마다 지혜롭게 하며 형통케 하는 그의 사역을 통해서 보게 된 것입니다. 결국 요셉은 보디발의 집에서나 옥중에서나 "빛과 소금"이 되어 하나님께서 자신과 함께 하심을 증언했던 것입니다.

그러므로 요셉은 기회가 주어질 때마다 하나님을 증언합니다. 보디발의 처가 유혹했을 때에도, "내가 어찌 이 큰 악을 행하여 하나님께 득죄하리이까"(9) 하고, 하나님을 증언합니다.

요셉은 말로 증언했고, 그의 삶을 통해서 하나님을 나타내었던 것입니다. 그럼에도 불구하고 그는 누명을 쓰고 옥에 갇히게 됩니다. 형제도 주위 사람들로 하여금 하나님께서 형제와 함께 하심을 보여주는 삶을 살고 있습니까?

적용

피조물들은 창조주의 영광을 나타내는 자연 계시입니다. 하물며 구속함을 받은 하나님의 자녀들은 더욱 하나님의 영광을 나타내야 하지 않겠습니까? 용기를 내십시오, 형제도 감당할 수 있습니다.

나누어봅시다

1, 요셉이 하나님께서 자신과 함께하심을 보여준 두 가지 방법에 대해서,

2, 그럼에도 불구하고 누명을 쓰고 옥에 갇히게 된데 대해서,

3, 하나님의 나타내심이 없었으나 하나님께서 요셉의 삶을 주관하고 계셨다는 점에 대해서,

40장
하나님의 때를 기다리는 요셉

첫째 단원(1–8) 두 관원장을 만난 요셉
둘째 단원(9–23) 때를 기다리는 요셉

내용 관찰

40장에서도 요셉은 옥중이라는 악조건 속에서도 하나님께서 자기와 함께 하심을 증언하고 있는 것을 보여줍니다. 중심점은, "그의 발은 차꼬를 차고 그의 몸은 쇠사슬에 매였으니 곧 여호와의 말씀이 응할 때까지라" 한, "때를 기다리는"데 있습니다. 기다리는 동안은, "그의 말씀이 그를 단련하였도다" (시 105:18-19) 한, 연단의 기간이었다고 말씀합니다.

요셉은 옥중에서 바로의 술 맡은 관원장과 떡 굽던 관원장을 만나게 되는데, 하루는, "아침에 요셉이 들어가보니 그들에게 큰 근심 빛이 있는지라" (6), 요셉이 "당신들이 오늘 어찌하여 근심 빛이 있나이까" (7) 하고 묻습니다. 이는 요셉은 근심이 있는 곳, 즉 문제가 있는 곳에 해답을 가지고 있다는 것이 됩니다.

"그들이 그에게 이르되 우리가 꿈을 꾸었으나 이를 해석할 자가 없도다 요셉이 그들에게 이르되 해석은 하나님께 있지 아니하니이까 청컨대 내게 고하소서"(8절) 하고, 기회가 주어지자 놓치지 아니하고 하나님을 증언합니다.

요셉은 두 가지를 증언하고 있는데 첫째는, "해석은 하나님께 있다" 하고 하나님 자신을 증언하고, 둘째는 "내게 고하소서" 하고 하나님이 자기와 함께 하심을 증언하고 있습니다.

이점에서 요셉은 여러 방면서 그리스도를 닮은 자라는 점입니다. 이런 점은 지나치면 풍유적인 해석에 빠지게 되고, 그렇다고 모자라게 되면 문자만을 보고 신령한 의미는 놓치게 됩니다. 두 관원장은 요셉이 해석해 준 대로 한 사람은 처형되고, 한 사람은 복직이 됩니다. 이 장면은 주님과 함께 십자가에 달린 두 강도 중 하나는 멸망 받고, 한 사람은 구원 얻는 장면을 연상케 됩니다.

또한 요셉이전해준 '처형당할 것'과 '복직될 것'은 전도자란 심판과 복음, 이 두 가지를 함께 전하여야 하는 전도자의 사명을 생각하게 합니다. "당신이 잘 되거든 나를 생각"(14)해 달라고 부탁하였으나 40장은 "술 맡은 관원 장이 요셉을 기억하지 않고 잊었더라"(23) 하고 끝맺고 있는데, 이는 아직 하나님의 때가 되지 않았기 때문입니다. 이점을 시편에서는, "곧 여호와의 말씀이 응할 때까지라"(시 105:19) 하고, 이 모두가 하나님의 섭리 중에 진행되고 있다는 점과, 하나님의 계획에는 때가 있다고 해설해주고 있습니다.

적용

형제가 요셉이라면 어떤 심정이었겠습니까? 그러나 여호와의 말씀이 "응할 때"까지 우리는 "단련"을 감수하며 기다려야 할 때도 있습니다.

나누어봅시다

1, 요셉이 옥중에서 만난 두 관원장에게 전한 증언에 대해서,

2, 옥중이라는 악조건 속에서도 하나님을 증언하는 점에 대해서,

3, 술 맡은 관원장이 요셉을 잊은, "하나님의 때"에 대해서,

41장

때가 찬 하나님의 경륜

첫째 단원(41:1–24) 바로를 만난 요셉
둘째 단원(25–57) 애굽 총리가 된 요셉

내용 관찰

41장의 중심점은 요셉이 옥중 죄수에서 일약 애굽의 총리가 되는데 있습니다. 41장은 "만 이 년 후에 바로가 꿈을 꾼즉" (1) 하고 시작이 되는데, 하나님의 정하신 때가 이른 것입니다. 하나님께서는, "때가 찬 경륜" (엡 1:9) 중에 역사하십니다.

바로의 꿈을 해석할 자가 없었다는 것입니다. 그 때에야 술 맡은 관원이 2년 전의 일을 추억하고 바로에게 고하므로 요셉은 바로 앞에 서게 됩니다.

"들은즉 너는 꿈을 들으면 능히 푼다 하더라" (15) 하니, 요셉은 이 기회를 놓치지 아니하고, "바로에게 대답하여 이르되 내가 아니라 하나님께서 바로에게 편안한 대답을 하시리이다"(16) 하고, 하나님을 증언합니다. 25절 이하의 요셉의 진술은 죄수로서는 도저히 할 수 없는 마치 강단에 선 하나님의 대언자가 힘있게 하나님을 증언하듯 당당히 외치는 모습입니다.

핵심은 "하나님이 그 하실 일을 바로에게 보이심이라"(25, 28, 32) 하고, 역사를 주관하시는 하나님을 증언하는데 있습니다. 꿈의 내용은 7년 풍년 후에, 7년 흉년이 든다는 것인데 요셉은, "하나님이 이 일을 정하시고 속히 행하시리니"(32), 대비하라고 말합니다.

요셉의 해석을 들은 바로는, "하나님이 이 모든 것을 네게 보이셨으니 너와 같은 명철하고 지혜 있는 자가 없도다 너는 내 집을 치리하라"(39-40) 하고 총리대신으로 임명합니다. 결국 애굽의 바로 왕도 하나님께서 요셉과 함께 하심을 보게 되어 하나님의 섭리 앞에 굴복하게 된 것입니다.

그러므로 우리가 주의해야 할 점은 이 일련의 사건을 통해서 성경은 결코 요셉을 부각시키고 있는 것이 아니라, "그 하실 일을 바로에게 보이신", 하나님을 증언하고 있다는 점입니다.

"요셉의 말과 같이 일곱 해 흉년이 들기 시작하매(54), 각국 백성도 양식을 사려고 애굽으로 들어와 요셉에게 이르렀으니 기근이 온 세상에 심함이었더라"(57) 합니다.

이를 통해서 말씀하시려는 바는, "하나님이 큰 구원으로 당신들의 생명을 보존하고 당신들의 후손을 세상에 두시려고 나를 당신들 앞서 보내셨나니"(45:7) 한대로, 한 분 그리스도를 보내셔서 만민의 생명을 구원하시려는 계획입니다.

17세에 팔리어 30세에 등극하기까지 13년의 각고 끝에, 요셉에게 보여 주신꿈은 그대로 이루어진 것입니다. 요셉을 섭리하신 하나님이 형제도 섭리하고 계심을 믿으시기 바랍니다.

적용

요셉이 "꿈을 꾸게 되고, 미움을 받게 되고, 팔리게 되고, 보디발의 아내의 모함을 받게 되고, 옥에 갇히게 되고, 관원장의 꿈을 해석해주는", 일련의 사건 배후에서 하나님은 섭리 중에 인도하셨습니다. 형제의 현재 상황도 한 과정임을 인식하시고 때를 기다리시기 바랍니다.

나누어봅시다

1, 바로의 꿈을 통한 장래 일을 섭리하시는 하나님에 대해서,

2, 바로 앞에서 행한 요셉의 증언에 대해서,

3, 요셉이 어떤 점에서 그리스도의 예표가 되는지에 대해서,

42장

묻어둔 죄를 드러내시는 하나님

첫째 단원(1-17) 형들이 와서 요셉 앞에 엎드리다
둘째 단원(18-38) 옛 죄를 생각나게 하심

내용 관찰

42장의 중심점은 20년 동안이나 "묻어둔 죄를 드러내시는 하나님"에 있습니다. 하나님께서 꿈을 통하여 보여주신 대로 7년 풍년 뒤에, 7년 흉년이 들기 시작하매 각국 백성들이 양식을 사려고 애굽으로 몰려오는데 그 무리 중에 요셉의 형들도 끼어 있었습니다.

야곱은 양식을 사러 보내면서, "우리를 위하여 사오라 그러면 우리가 살고 죽지 아니하리라"(2) 하고 말합니다. 그렇습니다. 하나님께서 이루어나가시는 것은 만민이 살고 죽지 아니하는 구원운동인 것입니다.

"때에 요셉이 나라의 총리로서 그 땅 모든 백성에게 곡식을 팔더니 요셉의 형들이 와서 그 앞에서 땅에 엎드려 절하매(6), 요셉이 그들에게 대하여 꾼 꿈을 생각" (9)했다고 말씀합니다. 20년 전(37:6)의 아득한 옛 일이었습니다. 요셉은 그 꿈을 잊지 않고 간직하고 있었습니다. 이는 하나님의 언약 곧 말씀에 성실하였음을 의미합니다.

요셉은 형들을 간첩으로 몰아, "너희가 확실한 자들이면 너희 형제 중 한 사람만 그 옥에 갇히게 하고 너희는 곡식을 가지고 가서 너희 집안의 굶주림을 구하고 너희 막내 아우를 내게로 데리고 오라 그러면 너희 말이 진실함이 되고 너희가 죽지 아니하리라" (19-20) 하고 말하는데, 이는 형들의 "진실"을 확인하기 위한 시험문제였던 것입니다.

그렇습니다. 이 일을 당하자 저들은, "우리가 아우의 일로 인하여 범죄하였도다" (21) 하고, 비로소 20여 년이나 묻어두었던 옛 죄를 상기하면서, "그러므로 그의 핏값을 치르게 되었도다" (22) 하고, 회개하기에 이릅니다. 회개하는 형들의 모습을 보고 "요셉이 그들을 떠나 가서 울고" (24) 합니다. 울면서 징계하시는 어버이의 마음 곧 주님의 마음을 생각하게 합니다.

"시므온을 끌어내어 그들의 눈 앞에서 결박하고 명하여 곡물을 그 그릇에 채우게 하고 각 사람의 돈은 그의 자루에 도로 넣게 하고" (24-25) 길 가다가 먹을 양식은 따로 줍니다. 얼마나 자상한 배려입니까? 성경은 이를 통해서 "진노 중에서도 긍휼을 잊지 않으시는" (합 3:2) 하나님을 나타내 주고 있습니다.'

이점에서 요셉은 구약성경에서 그리스도의 마음을 가장 많이 닮은 사람으로등장한다는 점입니다. 요셉이 형들을 이렇게 대하는 의도가 무엇일까요? 자신에게 행한 보복입니까? 아닙니다. 이것은 형들에게 회개할 기회를 주기 위해서입니다.

형들이 돌아와 이 사실을 야곱에게 말하니, "너희가 나에게 내 자식들을 잃게 하도다 요셉도 없어졌고 시므온도 없어졌거늘 베냐민을 또 빼앗아 가고자 하니 이는 다 나를 해롭게 함이로다"(36) 하고 거부합니다.

배후에서 역사하시는 하나님의 섭리를 깨닫지 못하는 인간은, 살리시려는 역사를 죽이려는 역사로 곡해하게 되고, "내 흰 머리를 슬퍼하며 스올로 내려가게 함이 되리라"(38) 하고 절망하는 것입니다.

적용

계시록에서는 주님의 이름을, "충신과 진실"(계 19:11)이라고 말씀합니다. 하나님께서 우리에게 기대하시는 바도, "충성과 진실"입니다. "지혜 있고 진실한 청지기가 되어 주인에게 그 집 종들을 맡아 때를 따라 양식을 나누어 줄 자가 누구냐"(눅 12:42) 하십니다. 우리의 "회개, 예배, 기도, 찬양, 봉사, 예물 드림"이 진실한가? 반성하게 합니다.

나누어봅시다

1, 요셉의 꿈이 어떻게 성취되었는가에 대해서,

2, 형들을 정탐으로 모는 요셉의 의도에 대해서,

3, 하나님의 섭리를 깨닫지 못하는 야곱의 절망에 대해서,

43장

자식을 잃게 되면 잃으리라

첫째 단원(43:1-10) 유다가 자신을 담보함

둘째 단원(11-34) 비로소 포기하는 야곱의 집념

내용 관찰

43장은 요셉과 형들이 두 번째 만나는 장면인데 요셉의 동생 베냐민도 동석하게 됩니다. 처음에 야곱은 베냐민도 잃을까 하여 놓지를 아니하려 합니다. 야곱 집의 불화는 야곱이 자식을 편애함으로 원인을 제공한 데 있습니다.

그러므로 화목하게 되기 위해서는 자식들이 묻어두었던 죄를 자복할 뿐만 아니라, 야곱도 "편애"에 대한 집념을 포기해야만 했던 것입니다.

"유다가 그의 아버지 이스라엘에게 이르되 저 아이를 나와 함께 보내시면 우리가 곧 가리니 그러면 우리와 아버지와 우리 어린 아이들이 다 살고 죽지 아니하리이다"(8) 합니다. 그렇습니다. "살고 죽지 않는 길"이 있는데 그것은 "포기" (抛棄)입니다.

우리는 앞에서 요셉 기사 중에 "유다" 이야기가 삽입이 되는 것을 보았는데, 결정적인 대목에서는 유다가 대표자로 나서는 것을 보게 됩니다. 유다는 야곱에게, "내가 그를 위하여 담보가 되오리니 아버지께서 내 손에서 그를 찾으소서" (9) 하고, 자신을 담보합니다.

야곱은, "네 아우도 데리고 떠나 다시 그 사람에게로 가라" (13) 하고, 자신의 고집을 꺾습니다. 애굽의 총리를 믿기 때문입니까? 아닙니다. "전능하신 하나님께서 그 사람 앞에서 너희에게 은혜를 베푸사 그 사람으로 너희 다른 형제와 베냐민을 돌려보내게 하시기를 원하노라" (14) 하고, "전능하신 하나님"을 의뢰했기 때문입니다.

야곱은 "내가 자식을 잃게 되면 잃으리로다" (14) 하고, 집착을 포기하는데, 여기가 43장의 중심점입니다. "이는 우리로 자기를 의지하지 말고 오직 죽은 자를 다시 살리시는 하나님만 의지하게 하심이라" (고후 1:9) 한, 자기포기인 것입니다. 에스더는 말합니다. "죽으면 죽으리이다" (에 4:16), 주님은 말씀하십니다. "나를 위하여 죽고자 하는 자는 살고 살고자 하는 자는 죽으리라", 형제의 결단은 무엇입니까?

애굽으로 내려온 형제들은 요셉의 집으로 초대되어 12아들이 한 상에 둘러앉아 음식을 먹게 됩니다. 하나님께서는 이 장면을 보기를 원하시는 것입니다. 왜냐하면 이 12명이 12족장이 되어 보행자만 60만 명이나 되는 하나님의 군대를 이루시려는 계획을 갖고 계시기 때문입니다.

"요셉이 아우를 사랑하는 마음이 복받쳐 급히 울 곳을 찾아 안방으로 들어가서 울고 얼굴을 씻고 나와서 그 정을 억제하고 음식을 차리라"(30-31) 합니다. 참으로 요셉은 "눈물"의 사람이기도 합니다. "울었다"는 말이 8번(42:24, 43:30, 45:2, 14-15, 46:29, 50:10, 17)이나 등장합니다.

그들이 처음에는 "두려워"(18, 23)하나, 나중에는 "요셉과 함께 즐거워하였더라"(34) 하고 말씀합니다. 요셉 집에 초대된 그들은 귀빈 대접을 받게 되는데(16, 24), 이는 탕자가 돌아왔을 때의 장면(눅 15:23)과, 주님의 초대(계 3:20)를 상기하게 합니다.

이때까지도 요셉은 자신의 정체를 밝히지 않고 있습니다. 왜냐하면 저들의 회개가 진실한 회개라는 점을 입증해야 할 마지막 시험문제가 남아 있기 때문입니다. 그것이 무엇인가?

적용

대인관계, 가족 간에, 교회 생활에서 화목을 이루는 비결은 자기 희생뿐입니다. 주님은, "사람이 친구를 위하여 자기 목숨을 버리면 이보다 더 큰 사랑이 없나니"(요 15:13) 하십니다. 이것은 자기를 포기하는 삶입니다.

나누어봅시다

1, 야곱이 "자식을 잃게 되면 잃으리라" 한 포기에 대해서,

2, 유다가 자신을 담보한 희생에 대해서,

3, 아직도 요셉이 자신의 정체를 드러내지 않는 의도에 대해서,

44장
대신하여 종이 되겠나이다

첫째 단원(1–13) 잔이 베냐민 자루에서 발견되다
둘째 단원(14–17) 발견된 자만 종이 되리라
셋째 단원(18–34) 아이를 대신하여 종이 되겠나이다

내용 관찰

44장의 중심점은 유다가 베냐민을 대신하여, "종이 되겠다"는 데 있습니다. 요셉이 마련한 마지막 시험문제는 저들 몰래 요셉의 은잔을 베냐민의 자루에 넣게 하였다가 돌아가는 저들을 추격해서 적발해 내게 하는 문제입니다. 이럴 경우 저들은 어떻게 반응할 것인가? 이것이 시험문제입니다.

"그들이 각각 급히 자루를 땅에 내려놓고 자루를 각기 푸니, 그 잔이 베냐민의 자루에서 발견된지라"(11-12). "유다가 이르되 우리가 내 주께 무슨 말을 하오리이까 무슨 설명을 하오리이까 우리가 어떻게 우리의 정직

함을 나타내리이까 하나님이 종들의 죄악을 찾아내셨으니 우리와 이 잔이 발견된 자가 다 내 주의 노예가 되겠나이다"(16) 합니다.

"하나님이 종들의 죄악을 찾아내셨다" 하고 말하는데, 그렇다면 유다는 베냐민이 은잔을 도적한 것으로 여기고 있단 말인가? 아닙니다. 유다는 이를 통해서 묻어두었던 옛 죄를 하나님께서 적발해내신 것으로 여기고 있는 것입니다.

"요셉이 이르되 내가 결코 그리하지 아니하리라 잔이 그 손에서 발견된 자만 내 종이 되고 너희는 평안히 너희 아버지께로 도로 올라갈 것이니라"(17) 합니다. 요셉을 팔던 옛날의 그들이라면 "나 몰라라" 하고, 베냐민을 버려두고 갔을 것입니다. 어쩌면 잘된 일로 여기면서 말입니다.

그러나 18-34절은 유다의 진술인데 가히 심금을 울려주는 진술입니다. 그것은 명 문장이어서가 아니라 그 바탕에 깔려있는 진실성과 자기희생적인 사랑이 배어나고 있기 때문이며, 궁극적으로 우리를 그리스도에게로 인도해 주는 진술이기 때문입니다.

자기가 아버지 앞에, "아이를 담보"(32)했노라고 말하면서 핵심은, "청컨대 주의 종으로 아이를 대신하여 있어서 주의 종이 되게 하시고 아이는 형제와 함께 도로 올려 보내소서"(33) 하고 간청하는데 있습니다.

결정적인 대목에서는 위로 형들이 있음에도 유다가 대표자로 세움을 받고있음을 주목해야만 합니다. 14절에서는, "유다와 그 형제들"이라고 말함으로 유다를 대표자로 인정을 하고 있는 것입니다. 이는 구속사의 맥이 유다 지파를 통하여 이어지게 되기 때문입니다.'

그리고 이 말씀은 우리를, "유다 지파의 사자 다윗의 뿌리" (계5:5)되시는 예수 그리스도께서 여러 형제들(롬 8:29)을 대신 하여 "담보자가 되시어, 종이 되시고, 대속제물"이 되어주신 그리스도에게로 인도해줍니다.

이 사랑을 알았기에 사도 바울은 도망친 노예 오네시모를 돌려보내면서, "그가 만일 네게 불의를 하였거나 네게 빚진 것이 있으면 그것을 내 앞으로 계산하라" (몬 1:18) 하고 말씀했던 것입니다.

이제 그들은 시험 문제를 통하여 자신들의 진정성을 입증했고, 12지파의 족장들이 될 이스라엘 가문의 불화는 말끔히 해소가 되었던 것입니다.

적용

"그가 우리를 위하여 목숨을 버리셨으니 우리가 이로써 사랑을 알고 우리도 형제를 위하여 목숨을 버리는 것이 마땅하니라" (요일 3:16) 합니다.

나누어봅시다

1, 요셉이 형들 앞에 제시한 시험문제에 대해서,

2, 회개에는 합당한 열매가 따른다는 점에 대해서,

3, 유다의 언행이 어떤 점에서 유다 지파를 통해 오실 그리스도를 반영해 주고 있는가에 대해서,

45장

큰 구원을 이루시는 하나님

첫째 단원(1-8) 생명을 구원하시려고

둘째 단원(9-15) 속히 모시고 내려오소서

셋째 단원(16-28) 수레를 보고 기운이 소생한지라

내용 관찰

45장은 요셉이 형들에게 자신의 정체를 밝히는 내용인데, 요셉은 묻어두었던 지난 날의 죄 문제가 치유되고 형제들 간의 불화가 해소되었음을 확인하게 되자 비로소 자신이 요셉임을 형제들에게 나타냅니다.

요셉이 방성대곡했다(2)고 말씀합니다. 요셉은 눈물의 사람(42:24, 43:30, 45:2, 50:17)이요, 이것이 우리 주님의 마음이기도 합니다.

45장의 중심점은, "하나님의 큰 구원"(7)에 있습니다. 창세기뿐만이 아니라 성경 전체에 등장하는 많은 인물, 많은 사건들은 오직 "큰 구원을 이루시려는 하나님"의 구원계획을 위해 세움을 입은 것입니다.

"요셉이 형들에게 이르되 내게로 가까이 오소서—나는 당신들의 아우 요셉이니 당신들이 애굽에 판 자라 당신들이 나를 이 곳에 팔았다고 해서 근심하지 마소서 한탄하지 마소서 하나님이 생명을 구원하시려고 나를 당신들보다 먼저 보내셨나이다—하나님이 큰 구원으로 당신들의 생명을 보존하고 당신들의 후손을 세상에 두시려고 나를 당신들보다 먼저 보내셨나니 그런즉 나를 이리로 보낸 이는 당신들이 아니요 하나님이시라" (4-8) 하고 말합니다.

요셉은 자신의 생애에 나타난 일련의 사건들을 하나님의 섭리로 해석하고 있습니다. 그의 진술 가운데, "하나님이 생명을 구원하시려고(5), 하나님이 큰 구원으로 당신들의 생명을 보존하고, 당신들의 후손을 세상에 두시려고" (7) 등의 언급은 궁극적으로, 후손으로 메시아를 보내셔서 큰 구원을 베푸시려는 구원계획을 증언하는 말인 것입니다.

요셉은 형들에게 부친을 모시고 내려오도록 수레를 보내면서, "당신들은 길에서 다투지 말라" (24), 즉 네 탓 내 탓 하지 말라고 부탁을 합니다. 이것만 보아도 형제 화목을 얼마나 중요시하고 있는가를 알 수 있습니다.

요셉이 살아 있다는 것과, 애굽 총리가 되었다는 소식을 들은 야곱은 믿어지지 아니하여 어리둥절 했다고 말씀하는데 이는 주님의 부활이 너무 기뻐서 믿지 못해하는 제자들의 모습이기도 합니다. 그러다가 "자기를 태우려고 보낸 수레를 보고서야 기운이 소생한지라" (27) 합니다.

형제여, 우리의 소망은 인간의 상상을 초월한 영광스러운 것입니다. 그래서 실감이 나지 않고 믿어지지 아니할 수가 있습니다. 그러나 실상을 "보게" 될 날이 올 것입니다. "내가 다시 와서 너희를 내게로 영접하여 나 있는 곳에 너희도 있게 하리라" (요 14:3) 하십니다. 형제를 영접하러 주님께서 다시 오신다는 약속에 대해서 형제의 반응은 어떠합니까?

적용

형제여, 현재의 고난은 장차 받을 영광과 족히 비교할 수 없습니다. 주님이 우리를 태우려고 보내실 "수레"를 보고 기운이 소생할 날이 올 것입니다. 용기를 내십시오.

나누어봅시다

1, 요셉은 언제 비로소 자신을 알렸습니까?

2, 요셉의 진술에 나타난 하나님의 궁극적인 계획에 대해서,

3, 야곱은 무엇을 보고야 기운이 소생하였습니까?

46장

내려가라, 올라오게 하리라

첫째 단원(1-7) 애굽으로 내려가기를 두려워 말라

둘째 단원(8-27) 모두 70명이었더라

셋째 단원(28-34) 고센 땅에 거하게 되리이다

내용 관찰

46장의 중심점은 하나님께서 야곱에게, "애굽으로 내려가기를 두려워하지 말라" 하고, 애굽으로 내려보내시는데 있습니다. 이스라엘(야곱)이 애굽으로 떠나기에 앞서 브엘세바에 이르러 하나님께 희생을 드립니다. 이것은 하나님의 뜻을 묻는 의미가 있습니다.

그런데 하나님께서, "애굽으로 내려가기를 두려워 말라 내가 거기서 너로 큰 민족을 이루게 하리라"(3) 하십니다. "아브라함, 이삭"이 약속의 땅을 떠나려 했을 때는 막으시던 하나님이, 어찌하여 야곱은 애굽으로 내려가라 하시는가?

이는 출애굽을 통해서 영적 출애굽(복음)을 계시하시려는 계획을 갖고 계시기 때문입니다. 이점이 "내가 너와 함께 애굽으로 내려가겠고 반드시 너를 인도하여 다시 올라올 것이며"(4) 하신 말씀에 분명히 나타납니다.

주님께서는, "내 아버지께서 이제까지 일하시니 나도 일한다"(요 5:17) 하고 말씀하셨는데 하나님께서는 "출애굽이나, 출 바벨론"의 일을 하고 계시는 것이 아닙니다. 이를 예표로 하여 유년주일학교 어린이들이라도 알아 듣기 쉽도록 복음을 계시하여주셨던 것입니다. 참으로 성경은 충족된 계시입니다.

"내가 너와 함께 애굽으로 내려가겠다" 하십니다. 그래서 "학대를 받을수록 더욱 번성하여 퍼져나갈"(출 1:12) 수가 있었던 것입니다. "야곱의 집 사람으로 애굽에 이른 자가 모두 칠십 명이었더라"(27) 하는데, 출애굽 당시에는 약속하신 대로 번성하여 보행자만 60만 명이나 되는 큰 민족을 이루었던 것입니다.

"요셉이 그의 수레를 갖추고 고센으로 올라가서 그의 아버지 이스라엘을 맞으며 그에게 보이고 그의 목을 어긋맞춰 안고 얼마 동안 울매"(29) 합니다. 이 장면을 통해서 우리를 영접하러 오시는 주님을 뵙게 될 장면을 생각합니다. 성경은, "어린양이 그들의 목자가 되사 생명수 샘으로 인도하시고 하나님께서 그들의 눈에서 모든 눈물을 씻어 주실 것임이라"(계 7:17) 하고 말씀합니다.

요셉은 바로가 "너희 업이 무엇이냐" 하고 묻거든, "주의 종들은 어렸을 때부터 지금까지 목축하는 자들"(34)이라고 말하라 일러줍니다. 그렇게 해서 애굽에 내려가서도 "고센" 땅에 살면서 애굽에 동화되지 않고 구별된 삶을 살아갈 수가 있었던 것입니다.

출애굽 당시 열 가지 재앙을 애굽 온 땅에 내리실 때에도, "내 백성이 거하는 고센 땅"에는 재앙이 미치지 않게(출 9:4, 26) 구별하여 주셨던 것입니다.

적용

하나님께서 야곱과 함께 애굽으로 내려가시겠다 함과 같이 형제와도 동행하고 계심을 확신하시기 바랍니다.

나누어봅시다

1, 야곱을 애굽으로 내려 보내시는 궁극적인 의도에 대해서,

2, "내가 너와 함께 애굽으로 내려가겠다" 하심에 대해서,

3, 고센 땅에 살게 하신 의도에 대해서,

47장

본향을 사모함

첫째 단원(1-26) 바로에게 축복한 야곱

둘째 단원(27-31) 애굽의 나그네 삶 17년

내용 관찰

애굽으로 내려간 야곱은, "요셉이 자기 아버지 야곱을 인도하여 바로 앞에 서게 하니 야곱이 바로에게 축복"(7)하였다고 말씀합니다. 그리고 "내 나그네 길의 세월이 백삼십 년이니이다"(9) 하고, 자신의 삶이 "나그네의 길"이었다고 말합니다. 그리고 "야곱이 바로에게 축복하고 그 앞에서 나오니라"(10) 하는데, 이는 중요한 의미를 전달해줍니다.

성경은 한마디로, "낮은 자가 높은 자에게서 축복을 받느니라"(히 7:7) 하고 말씀합니다. 세상 지위로 하면 바로가 야곱에게 축복을 해야 할 입장이었으나 도리어 야곱이 바로에게 축복했다는 것은, 자신이 메시아언약의 상속자라는 것과, "땅의 모든 족속이 너와 네 자손으로 말미암아 복을 받으리라" (28:14) 하신 언약을 믿었다는 증거입니다.

이점이 "내 나그네 길의 세월이 백 삼십 년이니이다" 한 말과, "내가 조상들과 함께 눕거든 너는 나를 애굽에서 메어다가 조상의 묘지에 장사하라" (30) 한 유언에 의해서도 드러납니다. 신약성경은, "이 사람들은 다 믿음을 따라 죽었으며 약속을 받지 못하였으되 그것들을 멀리서 보고 환영하며 또 땅에서는 외국인과 나그네임을 증언하였으니 그들이 이같이 말하는 것은 자기들이 본향 찾는 자임을 나타냄이라" (히 11:13-14) 하고 말씀합니다.

야곱은 애굽에 17년 동안 머물렀는데 별 다른 기록이 없는 것은 애굽으로 내려 보낸 목적이, "생육하고 번성"하게 하셨다가 출애굽을 통하여 "영적 출애굽"의 예표로 보여주시려는 계획을 갖고 계시기 때문입니다.

적용

형제의 나그네 길의 세월이 얼마나 됩니까? 형제의 고향은 애굽입니까? 가나안입니까? 영원한 하늘나라입니까? 형제도 임종 시에 이를 바라보며 경배할 준비가 되어있습니까?

나누어봅시다

1, 야곱이 바로에게 축복했다는 영적인 의미에 대해서,

2, 자신의 삶을 "나그네의 길"이라 한 의미에 대해서,

3, 야곱의 유언에 함축된 의미에 대해서,

48장

요셉의 두 아들을 언약에 참여시킴

첫째 단원(1–7) 에브라임과 므낫세는 내 것이라
둘째 단원(8–22) 그들을 언약에 참여시킴

내용 관찰

48장은 야곱이 요셉의 두 아들에게 축복하는 내용입니다. 요셉은 부친 야곱이 병들었다는 말을 듣고 애굽에서 태어난 두 아들 므낫세와 에브라임을 데리고 찾아옵니다.

야곱은 요셉에게, "이전에 가나안 땅 루스에서 전능하신 하나님이 내게 나타나사 복을 주시며 내게 이르시되 내가 너로 생육하고 번성하게 하여 네게서 많은 백성이 나게 하고 내가 이 땅을 네 후손에게 주어 영원한 소유가 되게 하리라 하셨느니라" (3-4) 하고, 벧엘 언약을 말해줍니다.

지금 야곱의 나이가 147세라 했으니 벧엘에서 메시아언약을 상속받은 일은 약 백년 전의 일입니다. 야곱은 왜 임종 머리에서 새삼스럽게 벧엘의 언약을 상기시키고 있는 것일까요?

그 의도가 "내가 애굽으로 와서 네게 이르기 전에 애굽에서 네가 낳은 두 아들 에브라임과 므낫세는 내 것이라요" (5) 한 말에 나타납니다. 두 가지 의미가 있는데 첫째는, 에브라임과 므낫세를 벧엘에서 세워주신 "메시아언약"에 참여시키기 위해서입니다. 왜냐하면 그들은 애굽에서 태어났기 때문입니다.

야곱은 요셉의 두 아들을, "내 것이라" 하는데, "나"라는 야곱은 언약의 머리요, 그들은 지체가 된다는 그런 뜻입니다. 이점이 "내 조부 아브라함과 아버지 이삭이 섬기던 하나님, 나의 출생으로부터 지금까지 나를 기르신 하나님, 나를 모든 환난에서 건지신 여호와의 사자께서 이 아이들에게 복을 주시오며 이들로 내 이름과 내 조상 아브라함과 이삭의 이름으로 칭하게 하시오며" (15-16) 한 축복에 분명히 나타납니다.

둘째로 "르우벤과 시므온처럼 내 것이 될 것이요" 한 것은, "에브라임과 므낫세"를 12아들의 반열에 세워 족장이 되게 하겠다는 뜻입니다. 이 점이 의미가 있는 것은 제사장 지파인 레위 지파를 제외하고도 12지파가 유지되게 하기 위한 섭리로 여겨집니다. 그래서 땅을 분배할 때에 요셉 지파는 두 몫을 받았던 것입니다.

야곱이 축복하면서 손을 어긋맞게 얹은 것은, "나도 안다" 한대로 모르고 한 것이 아니라, "그 아우(에브라임)가 그보다 큰 자가 되리라" (19)는 하나님의 주권적인 섭리에 따른 것입니다. 축복한 대로 "에브라임지파"는 므낫세 지파보다 크게 번창했던 것입니다.

" 이스라엘이 요셉에게 또 이르되 나는 죽으나 하나님이 너희와 함께 계시사 너희를 인도하여 너희 조상의 땅으로 돌아가게 하시려니와" (21) 하고, 자신은 "출애굽"의 약속을 받지 못하고 죽으나, 언약을 후손에게 계승시킴으로 마치고 있습니다.

적용

"이 땅을 네 후손에게 주어 영원한 기업이 되게 하리라" (4) 하신 영적인 기업이 신약의 성도들에게는 아직 약속으로 남아있습니다. 형제는 이 언약을 누구에게 계승시키시렵니까?

나누어봅시다

1, 야곱이 임종 머리에서 벧엘의 언약을 상기시키는 의도에 대해서,

2, 요셉의 두 아들을 "내 것이라" 하는 구속사적 의미에 대해서,

3, 임종머리에서 한 야곱의 신앙고백에 대해서,

49장
예언적인 축복

첫째 단원(1-28) 유다의 하나님을 찬송하라
둘째 단원(29-33) 조상에게로 돌아간 야곱

내용 관찰

49정은 야곱이 임종 전에 12아들들에게 축복하는 내용입니다. 이는 단순한 축복이 아니라 "후일에 당할 일"(1)에 대한 예언적인 축복이라는 점입니다. 그렇다면 축복의 초점은 아브라함과 이삭과 야곱으로 이어진 메시아 계보가 12아들 중에서 어느 아들에게로 계승이 되느냐에 집중하게 됩니다.

육적인 장자는 르우벤이었으나 "너는 탁월치 못하리니"(4) 하고 제외됩니다. 야곱은 요셉에게 법적인 장자 권(대상 5:1)을 주어 풍성한 축복을 하였으나(22-26), 영적인 장자 권은 하나님의 주권적인 섭리로, "규가 유다를 떠나지 아니하며 통치자의 지팡이가 그 발 사이에서 떠나지 아니하기를 실로가 오시기까지 이르리니 그에게 모든 백성이 복종하리로다" (10) 하고, 유다에게로 돌아가고 있는 것입니다.

노아가 메시아의 계보인 셈을 말할 때에도, "셈의 하나님 여호와를 찬송하리로다" (9:26) 말씀했는데, 야곱도 "유다야 너는 네 형제의 찬송이 될지라" (8) 하고, 찬양을 받으셔야 할 분은 메시아 그리스도이심을 말씀합니다.

뿐만 아니라 "네 손이 네 원수의 목을 잡을 것이요 네 아버지의 아들들이 네 앞에 절하리로다" (8) 하고, 사탄을 정복하게 될 것과, 모든 무릎이 주 앞에 꿇게 될 것이라 합니다. 모세가 임종 시에 행한 축복 중에도 유다 지파에게는 "주께서 도우사 그로 그 대적을 치게 하시기를 원하노라" (신 33:7) 하고 말씀합니다.

야곱은 "가나안 땅 마므레 앞 막벨라 밭에 있는" (30) 굴에 장사할 것을 거듭 부탁하면서 그의 파란만장한 일생을 끝마칩니다. "아브라함과 그 아내 사라가 거기 장사되었고 이삭과 그 아내 리브가도 거기 장사되었으며 나도 레아를 그곳에 장사하였노라" (31) 합니다.

그런데 신약의 성도들은 막벨라 밭에 있는 굴이 아니라, "너희가 아브라함과 이삭과 야곱과 모든 선지자는 하나님 나라에 있고" (눅 13:28) 하신, 더 좋은 소망을 가지고 있는 것입니다.

야곱은 "내 나그네 길의 세월이 백삼십 년이니이다" 하면서, "험악한 세월을 보내었나이다" (47:9) 하는 데, 야곱의 일생은 성경에 등장하는 어느 인물보다도 우리의 모습을 사실적으로 반영해 주고 있습니다

적용

우리도 임종 시에 자손들을 축복하며 가게 해 달라고 평시에 많은 준비를 하십시다.

나누어봅시다

1, 육적, 법적, 영적 장자권에 대해서,

2, 유다에게 행한 축복의 구속사적 의미에 대해서,

3, 야곱이 매장지에 관심하는 의도에 대해서,

50장
악을 선으로 바꾸시는 하나님

첫째 단원(1-14) 야곱이 죽어 조상의 묘에 장사됨
둘째 단원(15-26) 내가 하나님을 신하리이까

내용 관찰

50장은 야곱의 장례와, 요셉이 죽어 입관하는 것으로 마치고 있습니다. 중심점은 "악을 선으로 바꾸시는 하나님"(20)에 있습니다.

아버지 야곱의 장례를 마친 후에, "요셉의 형제들이 그 아비가 죽었음을 보고 말하되 요셉이 혹시 우리를 미워하여 우리가 그에게 행한 모든 악을 다 갚지나 아니할까"(15) 하고 두려워 합니다. 그들은 아버지의 유언이라 하면서, "종들의 죄를 용서하소서"(17) 하고 말합니다. "요셉이 그 말을 들을 때에 울었더라"(17) 합니다.

요셉은 눈물의 사람이었습니다. 그것은 감상적인 눈물이 아닌 주님의 마음을 닮은 눈물이었습니다. 요셉은 자신의 진심을 믿지 못하고 죄책감에 시달리는 형들을 볼 때에, "울었더라" 합니다. 오늘날도 주님께서 단번에 해결하여주신 구속의 은총을 믿지를 못하고 정죄감에 시달리는 형제들이 많이 있는 것입니다.

"요셉이 그들에게 이르되 두려워하소서 내가 하나님을 대신하리이까" (19) 합니다. 부정적인 면으로는, 심판은 하나님의 주권에 속하는 것이라는 뜻이고, 긍정적으로는, "나를 이리로 보낸 이는 당신들이 아니요 하나님이시라" (45:8)는 뜻입니다.

그리고 구속사를 한마디로 요약해주는 중요한 말을 하는데, "당신들은 나를 해하려 하였으나 하나님은 그것을 선으로 바꾸사 오늘과 같이 많은 백성의 생명을 구원하게 하시려 하셨다" (20)는 진술입니다.

대적 사탄은 창세기로부터 시작하여 계시록에 이르기까지 지속적으로 해하려 하고 멸망시키려고 하나, 하나님은 그때마다 악을 선으로 바꾸셔서 만민의 생명을 구원하게 하셨던 것입니다. 그러므로 요셉이 진술한 20절은 성경 전체를 한마디로 요약해주는 말인 것입니다.

사도 바울도 이를 염두에 두고, "우리가 알거니와 하나님을 사랑하는 자 곧 그의 뜻대로 부르심을 입은 자들에게는 모든 것이 합력하여 선을 이루느니라" (롬 8:28) 하고 선언했던 것입니다. 하나님을 믿는다는 것은 하나님의 언약과, 하나님의 주권적인 섭리를 믿는 것을 의미합니다.

하나님의 주권을 믿는 자는 요셉에게서 보는 대로 자신의 처지와 형편을 불평하지 않고, 또는 사람을 원망하거나 미워하지 않고 어떠한 형편에서도, "여호와께서 그와 함께 하심과, 여호와께서 그의 범사에 형통하게 하심을"(39:3) 보여주는 삶을 살아가는 사람들인 것입니다.

요셉도 임종 시에, "나는 죽을 것이나 하나님이 당신들을 돌보시고 당신들을 이 땅에서 인도하여 내사 아브라함과 이삭과 야곱에게 맹세하신 땅에 이르게 하시리라"(24) 하고 고백하면서, 내 해골을 메고 올라가겠다고 맹세시킵니다. 창세기 마지막에서 "너희를 돌아보시리라" 한 말씀이, "하나님이 그들의 고통 소리를 들으시고 하나님이 아브라함과 이삭과 야곱에게 세운 그의 언약을 기억하사 하나님이 이스라엘 자손을 돌보셨고" 한, 출애굽기(2:24-25)로 연결이 되어 구속사는 이어져나가고 있는 것입니다. 신실하신 하나님을 찬양하십시다.

적용

"하나님을 사랑하는 자 곧 그 뜻대로 부르심을 입은 자들에게는 모든 것이 합력하여 선을 이루느니라"(롬 8:28), 이것이 구속사를 요약해주는 말이기도 합니다. 누가 합력하여 선을 이루십니까? 천지의 대 주재자 되시는 하나님이십니다. 그러므로 의뢰하고 의탁할 수가 있는 것입니다.

나누어봅시다

1, 창세기를 일관하고 있는 대적하는 사탄의 악을 선으로 바꾸신 사례들에 대해서,

2, "내가 하나님을 대신하리이까"에 대해서,

3, 요셉의 고백과, 창세기와 출애굽기의 연결점에 대해서,

4, 창세기를 마치면서 깨달은 바를나누어봅시다

02
출애굽기

출애굽기 파노라마

주제 : 너희를 구속하여 내 백성을 삼고
나는 너희 하나님이 되리라(6:6-7).

출애굽기는 애굽으로 내려간 야곱의 자손들이 번성하는 것으로 시작이 됩니다. 그들이 내려갈 때는 70명에 불과하였으나, "이스라엘 자손은 생육하고 불어나 번성하고 매우 강하여 온 땅에 가득하게 되었더라"(1:7) 하고 말씀합니다. 이점에서 명심해야 할 점은 이들은 단순한 야곱의 자손이 아니라, "네 이름을 다시는 야곱이라 부를 것이 아니요 이스라엘이라 부를 것이니"(창 32:28) 하신 하나님의 선민(選民)이라는 점입니다.

① 출애굽기는 크게 두 부분으로 나누어집니다.

㉮ 첫 부분(1장-18장)은 애굽을 탈출하여 시내산까지의 여정이고,

㉯ 둘째 부분(19장-40장)은 시내산 기슭에 약 1년 간 머무르면서 율법을 받고 성막을 짓는 내용으로 되어있습니다.

㉠ 애굽으로 내려간 70명이 장정만 60만 명으로 번성할 수 있었던 것은 하나님

께서 야곱을 애굽으로 내려 보내시면서, "두려워 말라 내가 거기서 너로 큰 민족을 이루게 하리라"(창 46:3) 하신 약속의 성취이고,

ⓛ 또한 그들이 바로의 압제를 받게 된 것도 하나님께서 아브라함에게, "너는 반드시 알라 네 자손이 이방에서 객이 되어 그들을 섬기겠고 그들은 사백 년 동안 네 자손을 괴롭히리니 그들이 섬기는 나라를 내가 징벌할지며 그 후에 네 자손이 큰 재물을 이끌고 나오리라"(창 15:13–14)에서 예시(豫示)되었던 것입니다.

② "여러 해 후에 애굽 왕은 죽었고 이스라엘 자손은 고된 노동으로 말미암아 탄식하며 부르짖으니" (2:23) 합니다. 이것이 출애굽기의 문제(問題)입니다. 이런 처지에 있는 자들이 어떻게 바로의 속박에서 구출될 수가 있는가? 출애굽기는 이에 대한 해답(解答)을 계시해주고 있습니다.

ⓖ 그런데 하나님께서 야곱의 자손 70명을 애굽으로 내려 보내셔서 이러한 상황에 처하게 하심은, "출애굽"이라는 예표를 통해서, "죽기를 무서워하므로 일생에 매여 종 노릇 하는 모든 자들을 놓아주려 하심이니"(히 2:15) 한, "영적 출애굽"을 계시하시려는 의도에서였던 것입니다.

ⓛ "그 고된 노동으로 말미암아 부르짖는 소리가 하나님께 상달된지라 하나님이 그들의 고통 소리를 들으시고 하나님이 아브라함과 이삭과 야곱에게 세운 그의 언약을 기억하사 하나님이 이스라엘 자손을 돌보셨고 하나님이 그들을 기억하셨더라"(2:23–25) 합니다.

언제나 그러하듯이 이점에서 강조해야 할 점은 애굽에서 해방될 수 있었던 것이 그들이 부르짖었기 때문이 아니라, 선수(先手)적인 하나님의

언약이 있었다는 점을 증언해야만 합니다. 이점이 모세를 부르실 때에도, "나는 네 조상의 하나님이니 아브라함의 하나님, 이삭의 하나님, 야곱의 하나님이라"(3:6) 하신 데서 드러납니다.

ⓒ 그러나 모세는 "내가 누구이기에 바로에게 가며 이스라엘 자손을 애굽에서 인도하여 내리이까" 하고, 불가능성을 말합니다. 이는 모세만 못하는 것이 아니라 누구도 할 수가 없는 것입니다. 하나님은, "내가 반드시 너와 함께 있으리라"(3:11, 12), 즉 이는 네가 하는 것이 아니라 내가 하는 것이라 하십니다. 그리하여 "모세와 함께 하시는 하나님"이 되신 것입니다.

③ 그러면 하나님은 저들을 어떻게 구출하여 내셨는가? 무력으로 하셨는가?

아닙니다. 하나님은 "너희를 속량(구속)하여 너희로 내 백성을 삼고"(6:6) 하십니다. 이에 대한 중요한 요점이 6:5-8절에 나타나는데, 저들의 신분(身分)을 세 가지로 부르고 있습니다.

㉠ "이스라엘 자손"(6상)이라고 부릅니다. 그들은 이스라엘 곧 야곱의 자손들입니다.

㉡ 그런데 "애굽 사람이 종"(5상)으로 삼은 바로의 노예들이었습니다.

ⓒ 바로의 종이 된 그들을 하나님께서 "내 백성을 삼고"(7상) 하십니다. 그렇다면 바로의 노예가 하나님의 백성이 된다는 것이 어떻게 해서 가능하여지는가?

㉣ "너희를 속량(구속)하여"(6하),

㉤ "너희로 내 백성을 삼고 나는 너희 하나님이 되리니"(7상) 하십니다.

㉥ 그러면 왜 이렇게 행해주시는가? "내가 아브라함과 이삭과 야곱에게 주기로

맹세한 땅으로 너희를 인도하고 그 땅을 너희에게 주어 기업을 삼게 하리라"

(8) 하고, 조상에게 세워주신 언약에 근거한다 하십니다.

구속(救贖)이란 종으로 팔린 자를 값을 주고 사서 해방시켜줌을 뜻하는데 그러므로 출애굽뿐만이 아니라, 영적 출애굽의 핵심 주제도 "구속"(救贖)인 것입니다.

④ 그러면 어떤 방도로 구속하여 하나님의 백성으로 삼으셨는가? 그 내용이 12장에 나오는 "유월절 양"입니다. 흠 없는 수양을 잡아 그 피를 문 좌우 설주와 인방에 바르고 아침까지 한 사람도 그 문 밖으로 나가지 말라고 하십니다. 그 밤에 애굽 땅에 두루 다니며 처음 난 것을 멸하실 때에, "내가 그 피를 볼 때에 너희를 넘어가리라" (12:13) 하십니다. 죽음의 천사가 인방과 좌우 설주에 피가 낭자하게 뿌려진 집에 당도하게 되었을 때에 그 피를 보고, "이 집은 벌써 심판을 받았구나" 하고 건너고 넘어가게 된다는 것입니다.

㉠ 그러므로 명심해야 할 점은 이스라엘 집에서도 죽음은 있었다는 사실입니다. 뿌려진 피가 "죽음"을 말해주고 있습니다. 다만 죄가 없는 어린양이 대신하여 죽었을 뿐입니다.

여기 중요한 문제가 제기되는데, "이스라엘 자손이 거한 고센 땅에는 우박이 없었더라" (출 9:26) 함과 같이, "이스라엘 집에는 죽음이 없었더라" 하면 될터인데 어찌하여 이스라엘 집에서도 어린양이 대신 죽어야만 했는가 하는 점입니다.

㉡ 성경은 말씀합니다. "그러면 어떠하냐 우리는 나으냐 결코 아니라 유대인이나

헬라인이나 다 죄 아래에 있다고 우리가 이미 선언하였느니라"(롬 3:9), 즉 이스라엘 백성들도 하나님 앞에서는 애굽 사람들과 다름이 없는 심판 받아야 할 죄인이라는 말씀입니다. 그러므로 피를 보심이 없이 이스라엘 집을 넘어간다는 것은 하나님의 공의가 용납할 수가 없었던 것입니다.

다시 상기시킵니다만 출애굽 사건은 사탄의 노예 하에 있는 인류를 구원하시려는 하나님의 구원계획에 대한 예표요, "출애굽"의 핵심적인 모티브가 "구속"이라는 점을 유념해야만 합니다.

⑤ 그러면 어찌하여 10가지 재앙을 동원하셨는가? 바로를 굴복시키기 위해서 열 가지 재앙이 필요한 것은 아니었습니다. 하나님께서는 "내가 이제 한 가지 재앙을 바로와 애굽에 내린 후에야 그가 너희를 여기서 내보내리라" (11:1) 하고 초점이 "한 가지 재앙", 즉 "유월절 어린양의 피"에 맞춰져 있는 것입니다.

1-9가지 재앙으로는 불가능하고 오직 유월절 양의 피로만이 가능하여진다는 점을 극대화시키기 위해서 열 가지 재앙을 동원하셨던 것입니다.

㉠ 이점이 "내가 그의 마음과 그의 신하들의 마음을 완강케 함은 나의 표징을 그들 중에 보이기 위함이며"(10:1) 하신 말씀에 나타납니다. 그 "표징"이 유월절 양의 피였던 것입니다. 이를 드러내고 부각을 시켜서, "내가 그 가운데서 행한 표징을 네 아들과 네 자손의 귀에 전하게 하려 함이라"(10:2) 하십니다.

㉡ 주님은 "내가 고난을 받기 전에 너희와 함께 이 유월절 먹기를 원하고 원하였노라"(눅 22:15) 하십니다. 주님께서 잡히시던 이 밤이 그림자로 지켜 내려오던 마지막 유월절이요, 유월절이 성찬으로 개혁(改革)이 되는 밤이었던 것입니다.

ⓒ 그러므로 "출애굽기"는 영적 출애굽, 즉 복음을 이해하는 데도 결정적으로 중요합니다. 복음서들의 초점이 어디에 맞춰져 있는가를 확인해보시기 바랍니다. 한결같이 유월절 양으로 죽임을 당하신 그리스도의 십자가(마 26:2, 막 14:1, 눅 22:15, 요 13:1)에 맞춰져 있습니다.

죄 값에 팔려 사탄의 노예가 된 자들이 구원받아 하나님의 자녀가 될 수 있는 길은 죄 값을 대신 지불하는 "구속" 이외에 다른 방도는 없었던 것입니다. 다만 구약의 성도들은 어린양이라는 예표를 통해서 장차 오실 그리스도를 바라봄으로 구원을 얻을 수가 있었고, 신약의 성도들은 이미 오신 그리스도를 믿는 차이뿐입니다.

⑥ 이점에서 유념해야 할 것은 구원계획에 있어서 "구속"이 핵심적인 요점이지만 구속 자체가 목적(目的)은 아니라는 점입니다. 하나님은 구속하신 후에 방치하신 것이 아니라 자기 백성(百姓)으로 삼으셨던 것입니다. 왜 그렇게 하셨는가? 인류의 시조가 범죄 함으로 에덴에서 추방당한 사건은 하나님이 자기 백성을 잃어버린 사건이었기 때문입니다.

ⓐ 그러므로 하나님께서 모세를 바로에게 보내셔서 한 말은 일관되게, "내 백성을 보내라 그들이 나를 섬기리라"(5:1, 7:16, 8:1, 9:1, 13, 10:3) 하셨던 것입니다. 그러므로 구속의 목적은 잃어버린 자기 백성을 찾으셔서 그들과 함께 거하시려는 데 있는 것입니다. 이것이 하나님의 나라건설인 것입니다.

ⓑ 40년 동안 매일 같이 만나를 내려주시고,

ⓒ 생수를 마시게 하심도 그들이 하나님의 백성들이었기 때문입니다.

ⓓ 또한 율법을 주심도 하나님의 백성답게 살아가게 하기 위해서였습니다.

그러므로 십계명의 서문은, "나는 너를 애굽 땅 종 되었던 집에서 인도하여 낸 <너의 하나님 여호와>로라" (20:2) 하고 말씀하십니다. 하나님의 백성들이 모든 규례를 지켜 행할 때에 이방인들이 "이르기를 이 큰 나라 사람은 과연 지혜와 지식이 있는 백성이로다 하리라" (신 4:6), 다시 말하면 과연 하나님의 백성은 다르다 할 것이라는 뜻입니다.

ⓜ "여호와 닛시" 곧 대적을 물리쳐주심도 그들이 하나님의 백성들이었기에 보호하여주신 것이요,

ⓑ 가나안을 향하여 구름 기둥 불기둥으로 앞에서 인도하여주심도 그들이 하나님의 백성들이었기 때문입니다.

⑦ 우리는 한 걸음 더 나아가야만 합니다. 하나님은 "그들 중에 거할 성소(聖所)를 지으라" (25:8) 하고 명하셨기 때문입니다. 그러므로 하나님께서 시내산에서 주신 것은 율법만이 아니었습니다. 성막 식양(式樣)도 주셨습니다.

ⓐ 만일 십계명만을 주시고 성막을 주시지 않으셨다면 어떻게 되는가? 구약의 성도들은 한 사람도 구원을 얻지 못했을 것입니다. 왜냐하면 율법으로 죄를 깨닫고는(문제), 성막에 있는 번제단에 가서 속죄제를 드림으로 죄에 대한 해결을 받을 수가 있었기 때문입니다. 성막은 문제(問題)에 대한 해답(解答)으로 주어진 것입니다. 그러므로 성막 식양(式樣)은 의문(儀文)에 가려 있는 복음이었던 것입니다.

ⓛ 또한 성막을 주심은 자기 백성들과 동거(同居) 동행(同行) 하기를 원하셨기 때문입니다. 하나님은 출애굽의 목적(目的)을, "그들은 내가 그들의 하나님 여호

와로서 그들 중에 거하려고 그들을 애굽 땅에서 인도하여 낸 줄을 알리라 나는 그들의 하나님 여호와로라"(출 29:46) 하고 말씀하십니다. 하나님은 자기 백성들과 함께 거하시기를 원하신다는 말씀입니다.

㉢ 바로 이것입니다. 이는 출애굽의 목적뿐만이 아니라 성경 전체의 중심주제인 것입니다. 그러므로 하나님의 나라건설은, "보라 하나님의 장막이 사람들과 함께 있으매 하나님이 저희와 함께 거하시리니 저희는 하나님의 백성이 되고 하나님은 친히 저희와 함께 계셔서 모든 눈물을 그 눈에서 씻기시매 다시 사망이 없고 애통하는 것이나 곡하는 것이나 아픈 것이 다시 있지 아니하리니 처음 것들이 다 지나갔음이러라"(계 21:3–4)에서 완성(完成)이 되는 것입니다.

⑧ 출애굽기는 고역으로 인하여 탄식하며 부르짖는 것으로 시작하여, 하나님의 영광이 성막에 충만한 것으로 끝나고 있습니다.

㉠ 성막에 충만한 영광은, "말씀이 육신이 되어 우리 가운데 거하시매 우리가 그 영광을 보니 아버지의 독생자의 영광이요 은혜와 진리가 충만하더라"(요 1:14)에 대한 모형이요, 그리스도의 구속으로 말미암아 이제는 "너희가 하나님의 성전인 것과 하나님의 성령이 너희 안에 거하시는 것을 알지 못하느냐"(고전 3:16) 한 교회로 성취가 되었다가, "보라 하나님의 장막이 사람들과 함께 있으매, 이루었도다 나는 알파와 오메가요 처음과 나중이라"(계 21:3, 6)에서 완성이 될 모형인 것입니다.

㉡ 출애굽기에서 그리스도는,

㉮ 유월절 양으로,

㉯ 중보자인 제사장으로,

㉰생명의 양식인 만나로,

㉱생수를 솟아내는 반석으로,

㉲인간의 장막을 입고 임마누엘 하실 성막으로 계시되어 있습니다.

출애굽기는 "죽기를 무서워하므로 일생에 매어 종 노릇" 하던 나 자신이 어떻게 해서 구원을 얻어 하나님의 백성이 되었는가 하는 우리들의 이야기요, 바로 복음인 것입니다.

나누어봅시다

1, 이스라엘 자손을 애굽에 내려 보냈다가 구출해 내신 하나님의 의도에 대해서,

2, 대속교리를 계시하시기 위해서 하나님께서 고안해 내신 방법이 무엇인가에 대해서,

3, 출애굽기에서 그리스도는 어떻게 계시되어 있는가에 대해서,

1장

생육하고 번성케 하신 하나님

첫째 단원(1-7) 70인이 땅에 가득하게 번성함
둘째 단원(8-22) 이를 대적하는 바로

내용 관찰

1장의 중심점은, 야곱과 함께 애굽에 내려간 70명이, "생육하고 불어나 번성하고 매우 강하여 온 땅에 가득하게 되었다"는데 있습니다. 이스라엘 자손의 번성이 공격적으로 묘사되어 있습니다. "70인" (5)으로 시작된 적은 무리가, "생육하고 불어나 번성하고 매우 강하여 온 땅에 가득하게 되었더라" (7) 합니다. 바로는 이를 저지하려고 악랄한 방법을 동원하지만, "그러나"로 시작이 된 12절은, "학대를 받을수록 더욱 번성하여 퍼져나가니 애굽 사람이 이스라엘 자손으로 말미암아 근심"했다고 말합니다.

이는 하나님께서 야곱에게, "애굽으로 내려가기를 두려워하지 말라 내가 거기서 너로 큰 민족을 이루게 하리라" (창 46:3) 하신 약속의 성취라는 점을 놓쳐서는 아니 됩니다. 아브라함에게도, "내가 네 자손으로 땅의 티끌 같게 하리니 (창 13:15), 뭇 별을 셀 수 있나 보라 네 자손이 이와 같으리라(15:5), 네 씨로 크게 번성하여 하늘의 별과 같고 바닷가의 모래와 같게 하리니" (22:17) 하고 약속하셨던 것입니다.

"생육하고 번성하라"는 주제를 구속사의 맥락으로 보면, 아담에게 "생육하고 번성하라" (창 1:28) 하신 것으로 시작하여, 노아에게 "생육하고 번성하라" (창 9:1) 하시고, 아브라함에게 "너로 심히 번성하게 하리라" (창 17:2) 하신 언약의 궁극적인 성취는, "한 알의 밀이 땅에 떨어져—죽으면 많은 열매를 맺느니라" (요 12:24)에서 최종적으로 성취될 말씀인 것입니다.

사탄은 이를 저지 하기 위해서 발악적으로 대적하나 하나님께서는, "그것을 선으로 바꾸사 많은 백성의 생명을 구원하게 하시려는" (창 50:20) 구원계획을 추진해나가시는 것입니다.

이점에서 주목해야 할 점은, "그들에게 무거운 짐을 지워 괴롭게 하여 그들에게 바로를 위하여 국고성 비돔과 라암셋을 건축하게 하니라" (11) 한 말씀입니다. 선민 이스라엘은 "하나님을 위하여, 하나님의 나라건설"을 위한 건축자(마 21:42)들로 부름을 받은 자들입니다. 그런데 "바로를 위하여 국고성"을 건축하고 있다니! 하나님께서는 이들을 구출해 내실 것입니다.

적용

기독교 역사는 "학대를 받을수록 더욱 번식하고 창성해" 가는 역사입니다.

나누어봅시다

1, 번식하고 창성하고 심히 강대하여 온 땅에 가득하게 되는 원동력에 대해서,

2, 이를 저지하려는 바로의 대적에 대해서,

3, "생육하고 번성하는 것이 궁극적으로는 누구를 통해 성취될 것인가에 대해서.

4, "바로를 위하여 국고성"을 건축하고 있다는 점에 대해서,

2장
언약을 지키시는 하나님

첫째 단원(1–10) 믿음으로 모세가 구원받음
둘째 단원(11–15) 믿음으로 자기 백성을 돌아봄
셋째 단원(16–22) 믿음의 훈련기간 40년
넷째 단원(23–25) 언약을 기억하사 돌아보심

내용 관찰

2장의 중심점은, "하나님이 아브라함과 이삭과 야곱에게 세운 그의 언약을 기억"(24)하셨다는 데 있습니다. 바로는 이스라엘 자손의 번성을 막고자, "아들이 태어나거든 너희는 그를 나일 강에 던지고 딸이거든 살려두라"(1:22)는 명을 내립니다. 생육이 번성케 하신 것은 하나님의 역사요, 이를 저지(沮止)하려고 발악하는 것은 사탄의 대적인데, 이때 하나님께서는 아브라함과 맺은 언약을 기억하시고 지켜주시기 위해서 그들을 인도해 낼 한 인물이 태어나게 하십니다.

석 달을 숨겼으나 더 숨길 수 없게 되자 갈대 상자에 넣어 나일강에 버림을 당하게 됩니다. "갈대 상자"란 "방주"(方舟)라는 말과 같은 단어인데 이 아이를 바로의 딸이 발견하게 되어 생모인 유모에게, "이 아기를 데려다가 나를 위하여 젖을 먹이라 내가 그 삯을 주리라"(9) 하고 말합니다.

"그 아기가 자라매 바로의 딸에게로 데려가니 그가 그의 아들이 되니라 그가 그의 이름을 모세라 하여 이르되 이는 내가 그를 물에서 건져내었음이라 하였더라"(10) 합니다. 이 일련의 사건을 "언약을 기억하셨다"는, 하나님중심으로 바라보게 되면, 하나님의 섭리 중에 진행이 된 일인 것입니다.

장차 애굽을 뒤흔들며 바로를 굴복시킬 하나님의 종 모세가 바로의 궁궐에서 자라게 되었다는 것은 얼마나 놀라운 하나님의 기이한 섭리입니까?

바로의 공주는, "나를 위하여 젖을 먹이라" 하고 말했는데 모세의 어머니 요게벳은, "누구를 위하여 젖을 먹일 것인가? 이를 검증할 날이 왔는데, 모세의 나이 40이 되었을 때에, "모세가 장성한 후에 한번은 자기 형제들에게 나가서 그들이 고되게 노동하는 것을 보더니 어떤 애굽 사람이 한 히브리 사람 곧 자기 형제를 치는 것을 본지라"(11) 합니다. 이럴 경우 모세는 어떻게 반응할 것인가?

"좌우를 살펴 사람이 없음을 보고 그 애굽 사람을 쳐죽여 모래 속에 감추니라"(12) 합니다. 이점을 신약성경에서는, "믿음으로 모세는 장성하여 바로의 공주의 아들이라 칭함 받기를 거절하고 도리어 하나님의 백성과 함께 고난 받기를 잠시 죄악의 낙을 누리는 것보다 더 좋아하고 그리스도를 위하여 받는 수모를 애굽의 모든 보화보다 더 큰 재물로 여겼으니 이는 상 주심을 바라봄이라"(히 11:24-26) 하고 해설해줍니다. 요게벳은 "그리스도"를 위하여 젖을 먹였다는 놀라운 결론에 이르게 됩니다.

우리는 이스라엘 백성이 "고역으로 인하여 탄식하며 부르짖었기"(23) 때문에 그들을 구해 주신 양 말해서는 아니 됩니다. "하나님이 그 고통 소리를 들으시고 아브라함과 이삭과 야곱에게 세운 그 언약을 기억하사"(24) 한, 인간의 부르짖음보다 선수적인 언약이 있었으며 이 언약을 신실하게 지켜 주시는 선하신 하나님을 증언해야만 합니다.

창세기에서 요셉은, "하나님이 반드시 당신들을 돌아보시리니"(창 50:25) 했는데, 출애굽기에서는 "돌아보셨다"(2:25) 하고 말씀합니다. 하나님의 언약을 믿고 부르짖어야 하는 것은 인간이 행해야 할 믿음의 응답인 것입니다.

모세는 죽이려는 바로를 피하여 미디안 땅으로 피신하여 40년을 거하면서 십보라라 하는 아내를 맞이하여 게르솜이라는 아들을 얻게 됩니다. 이는 모세를 들어 쓰시기 위한 훈련기간이었던 것입니다. 신실하신 하나님을 찬양합시다

적용

언약하신 바를 지켜주시는 것은 하나님의 주권이요, 이를 붙잡고 부르짖는 것은 인간의 믿음입니다.

나누어봅시다

1, 모세가 바로의 공주의 아들이 된 경위에 대해서,

2, "나를 위하여 젖을 먹이라"와, 모세의 반응에 대해서,

3, "돌아보시리니—돌아보셨다"에 대해서,

3장

아브라함 이삭 야곱의 하나님

첫째 단원(1-6) 모세를 부르시는 하나님

둘째 단원(7-12) 너를 바로에게 보내리라

셋째 단원(13-22) 너희 조상의 하나님 여호와라 하라

내용 관찰

3장의 중심점은 "모세야, 모세야" (4) 하고, 모세를 부르셔서 모세에게 사명이 주어지는 데 있습니다. 최우선적으로 주목할 점은 하나님께서는 자신을, "아브라함의 하나님, 이삭의 하나님, 야곱의 하나님" (6)으로 계시하신다는 점입니다. 이는 그들에게 언약을 세워주신 언약(言約)의 하나님이심을 의미합니다. 그리고 "나는 스스로 있는 자" (14)로 계시하십니다. "아브라함의 하나님, 이삭의 하나님, 야곱의 하나님 여호와"는 "스스로 있는 자" 곧 I AM THE I AM 이십니다.

그러니까 "I AM" 다음에 "여호와 닛시, 여호와 샬롬, 여호와 이레" 등

으로 필요를 공급해 주시는 하나님이심을 의미합니다. 이는 주님께서, "나는 생명의 양식이다, 나는 문이다. 나는 길이다" 하고 7번이나 선언하시어 우리에게 "I AM—"이 되어 주신 것과 맥을 같이 하는 것입니다.

하나님께서는 첫째로, "내가 애굽에 있는 내 백성의 고통을 분명히 보고—부르짖음을 듣고—그 근심을 알고"(7) 하십니다. 둘째로, "내가 내려와서 그들을 애굽 인의 손에서 건져내고", 셋째로 "그들을 "아름답고 광대한 땅으로 이르려 하노라" 하고 말씀하십니다. 이렇게 하실 하나님의 일에 모세를 들어 쓰시겠다는 것입니다.

모세는 자신이 제 힘으로 해야 하는 줄로 착각하고, "내가 누구이기에 바로에게 가며 이스라엘 자손을 애굽에서 인도하여 내리이까"(11) 하고 말합니다. 하나님께서는, "내가 반드시 너와 함께 있으리라" 하십니다. 이는 "네가 하는 것이 아니라, 내가 하는 것이라"는 뜻입니다. 8절의 "내가 내려와서" 하신 말씀을 유의하시기 바랍니다. 하나님께서 애굽으로 내려가시겠다는 것입니다. 다만 모세와 함께 말입니다. 야곱에게도 "내가 너와 함께 애굽으로 내려가겠고 반드시 너를 인도하여 다시 올라올 것이며"(창 46:4) 하고 말씀하셨습니다.

우리가 믿는 하나님은 자기 백성의 "고통을 보고—듣고—아시는" 하나님이십니다. 형제여, 위로가 필요하면 "위로의 하나님", 인내가 필요하면 "인내의 하나님"(롬 15:5), 소망이 필요하면 "소망의 하나님"(롬 15:13)이 되어주십니다. 형제에게는 지금 어떤 하나님이 필요합니까?

적용

하나님의 일은 하나님이 하십니다. 다만 우리를 종으로 쓰실 뿐입니다. 일을 수행하는데 필요한 것은 얼마든지 공급해 주시는 "I AM—"이 되시는 하나님이십니다. 형제에게 부여된 사명은 무엇입니까?

나누어봅시다

1, 아브라함, 이삭, 야곱의 하나님이라 하시는 의미에 대해서,

2, "보고, 듣고, 아시는 하나님"에 대해서,

3, "내가 내려가서, 구원하리라" 하시는 말씀에 대해서,

4장

의의 병기가 된 모세의 손과 입

첫째 단원(1–9) 네 손에 있는 것이 무엇이냐
둘째 단원(10–17) 네 입과 함께 있으리라
셋째 단원(18–25) 하나님의 지팡이를 손에 잡은 모세
넷째 단원(26–31) 돌아보셨다 함을 듣고 경배함

내용 관찰

4장의 중심점은, "아브라함의 하나님, 이삭의 하나님, 야곱의 하나님 여호와가 네게 나타난 줄을 믿게 하려 함이라"(5)는 말씀에 있습니다. 모세는 첫째로, "그러나 그들이 나를 믿지 아니하며 내 말을 듣지 아니하고 이르기를 여호와께서 네게 나타나지 아니하셨다 하리이다"(1) 하고 변명합니다. 하나님께서는 "네 손에 있는 것이 무엇이냐(2), 지팡이니이다" 합니다. 그 지팡이가 뱀이 되었다가 다시 지팡이가 되는 표징을 보여 주십니다.

"너는 이 지팡이를 손에 잡고 이것으로 이적을 행할지니라"(17) 하십니다. 이를 통해서 지금까지 양을 치던 지팡이를 잡고 있던 모세를, 이제부터는 하나님의 양을 구출해 내는 모세로 쓰시겠다는 말씀입니다.

둘째로 모세는, "오 주여 나는 본래 말을 잘 하지 못하는 자니이다 주께서 주의 종에게 명령하신 후에도 역시 그러하니 나는 입이 뻣뻣하고 혀가 둔한 자니이다"(10) 하고 변명합니다. "누가 입을 지었느뇨, 이제 가라 내가 네 입과 함께 있어서 할 말을 가르치리라"(11-12) 하십니다. 모세는 "주여 보낼만한 자를 보내소서" 합니다. 보낼만한 자가 누구입니까? 제 힘으로 이 사명을 감당할 자가 있단 말입니까? 없습니다. 다만 믿고 순종하는 자가 있을 뿐입니다.

모세가 "애굽으로 돌아가는데 하나님의 지팡이를 손에 잡았더라"(20) 합니다. 모세가 하나님의 종 모세가 되자, 양을 치던 지팡이도 "하나님의 지팡이"가 된 것입니다. 지팡이만이 아니라 4장에는, "손과, 입"이 강조되어 있는데 손이라는 말이 13번, 입이 7번 등장합니다. 그러니까 모세의 손과 입도, "여호와의 손, 여호와의 입"이 된 것입니다.

"여호와께서 모세에게 명하신 모든 말씀을 전하고 백성 앞에서 이적을 행하니"(30), 즉 입으로는 말씀을 전하고 손으로는 이적을 행하였던 것입니다. 이 지팡이로 홍해를 가르고, 반석에서 물을 내게 할 것입니다.

신약에서도 "입과 손"이 중요하게 사용되고 있음을 봅니다. "제자들이 나가 두루 전파(입으로)할새—따르는 표적(손으로)으로 말씀을 확실히 증거하시니라(막 16:20), 담대히 하나님의 말씀을 전하게(입으로)하여 주옵시며 손을 내밀어 병을 낫게 하옵시고"(행 4:29-30) 합니다.

"그러나 내가 그(바로)의 마음을 완악하게 한즉 그가 백성을 보내 주지 아니하리니"(21) 하십니다. 무슨 뜻인가? 출애굽이 가능하게 되는 것은 "말과, 이적"으로 가능하여지는 것이 아니라는 것입니다. "네 장자를 죽이리라 하셨다 하라"(23) 한 말씀 속에는 "유월절 어린양의 피"로만이 가능하게 된다는 뜻이 함의되어 있는 것입니다.

형제는 예수 그리스도의 구속으로 말미암아 주의 종이 되었습니다. 그러므로 형제의 입과 손이 하나님께서 쓰시는 "의의 무기"(롬 6:13)가 되었다는 점을 믿으시기 바랍니다. 그 "입"으로 유월절 어린양의 피 곧 "복음의 비밀"을 담대히 선포하시어 사탄의 노예 상태에서 신음하는 하나님의 백성을 구출해 내는 사역을 감당하시기를 바랍니다.

적용

그 동안 형제의 입과 손은 무엇에 사용되었습니까? 이제는 "의의 무기"가 된 것입니다. "말씀이 네게 가까워 네 입에 있다"(롬 10:8) 하십니다. "죄인들아 손을 깨끗이 하라"(약 4:8) 하십니다.

나누어봅시다

1. 양을 치던 지팡이가 "여호와의 지팡이"가 된 점에 대해서,

2, 입과 손이 중요하게 사용되고 있다는 점에 대해서,

3. 자신이 주의 종이요, 지체가 의의 무기가 되었다는 점에 대해서,

5장
내 백성을 보내라

첫째 단원(1–5) 여호와가 누구관대 보내겠느냐
둘째 단원(6–21) 우리를 죽이게 하는도다
셋째 단원(22–23) 어찌하여 나를 보내셨나이까

내용 관찰

5장의 중심점은 모세와 아론이 바로에게 가서, "이스라엘의 하나님 여호와께서 내 백성을 보내라" (1) 하신다 하고 선언하는데 있습니다. 그러자 바로는 "여호와가 누구이기에 내가 이스라엘을 보내겠느냐 나는 여호와를 알지 못하니 이스라엘을 보내지 아니하리라" (2) 합니다.

이점에서 분별력이 필요한데 1-9가지 재앙은 다름 아닌 "여호와가 누구인가"를 바로에게 보여 주신 사건이요, 마지막 "유월절 어린양의 피"가 출애굽을 가능하게 한 "구속"하심이라는 점입니다.

바로는 그들이 게으르므로, "우리가 가서 우리 하나님께 제사를 드리자 하나니 그 사람들의 노동을 무겁게 함으로 수고롭게 하여 그들로 거짓말을 듣지 않게 하라"(8-9) 합니다. 이것이 사탄의 박해인데, "내 백성을 보내라"는 말만 들어도 놓칠세라 더욱 억압하며 강하게 속박하려 합니다. 그리하여 이스라엘 백성들의 고역은 더욱 악화되었던 것입니다.

백성들은, "너희가 우리로 바로의 눈과 그 신하의 눈에 미운 물건이 되게 하고 그들의 손에 칼을 주어 우리를 죽이는도다"(21) 하고 원망을 합니다. 모세도 "주여 어찌하여 이 백성이 학대를 당하게 하셨나이까 어찌하여 나를 보내셨나이까"(22) 하면서, "내가 바로에게 들어가서 주의 이름으로 말한 후로부터 그가 이 백성을 더 학대하며 주께서도 주의 백성을 구원하지 아니하시나이다"(23) 하고 불평하기에 이릅니다.

그렇다면 현재의 노예상태에 무슨 소망이라도 있단 말인가? 더 학대한다는 것은 "자기의 때가 얼마 못된 줄을 알므로 크게 분내"(계 12:12)는 발악인데 성경은, "우리가 하나님의 나라에 들어가려면 많은 환난을 겪어야 할 것이라"(행 14:22) 하고 말씀합니다.

주님께서는, "강한 자가 무장을 하고 자기 집을 지킬 때에는 그 소유가 안전하되 더 강한 자가 와서 그를 굴복시킬 때에는 그가 믿던 무장을 빼앗고 그의 재물을 나누느니라"(눅 11:21-22) 하십니다. 더 강한 자가 누군가? 죽으시고 다시 사심을 통해서 사탄의 머리를 상하게 하실 유월절 어린양이신 그리스도이십니다.

적용

4장은 전도 현장에서 사실적으로 경험하는 문제입니다. 사탄에 매여있는 자들은 현실에 안주하려 하고, 전도자도 선을 행하다가 낙심하게 됩니다. "더 강한 자"이신 복음의 능력으로만이 승리할 수가 있는 것입니다.

나누어봅시다

1, 모세와 아론이 바로에게 가서 한 말이 무엇입니까?

2, 전쟁을 선포함으로 어떤 일이 일어났습니까?

3, 백성들과 모세의 반응은 어떠했습니까?

6장

속량하여 내 백성을 삼고

첫째 단원(1-5) 여호와 하나님
둘째 단원(6-9) 내 백성, 너희 하나님
셋째 단원(10-30) 모세와 아론을 세우심

내용 관찰

6장에는 출애굽기, 나아가 성경 전체를 이해하는데 중요한 계시가 있습니다. 본문에는 이스라엘 백성들을 애굽에서 인도하여 내시는 목적(目的)과, 그 방법(方法)과, 근거(根據)가 무엇인지 계시되어 있습니다. 이를 통해서 우리를 구원하시는 목적과, 방법과, 근거를 깨닫게 되는 중요한 예표가 되는 것입니다.

① 목적(目的)은 "너희로 내 백성을 삼고 나는 너희 하나님이 되리니"(7상)에 있습니다. 이는 성경 전체의 주제라고 말씀드릴 수가 있습니다. 하나님의 백성들이 있고, 하나님이 왕이 되셔서 다스리시는 그곳이 "하

나님의 나라"이기 때문입니다. 하나님께서는 창세기 3장에서 파괴되었던 하나님의 나라를 회복하시려는 것입니다. 이것이 목적입니다.

②그 방법은 오직 "속량"(6하)이라는 방법으로 말미암아서만 가능해지는 것입니다. 왜냐하면 우리가 죄 값으로 팔렸기 때문입니다. 노예를 쉽게 놓아주는 것이 아니라 "강한 손을 더하므로 바로가 그들을 보내리라"(1) 하십니다.

③그 근거는 아브라함과 이삭과 야곱에게 세워주신 "언약"(4하)에 있는 것입니다. 그러므로 6장의 주제가 "속량하여 내 백성을 삼고" 라고 말할 수가 있습니다.

저들의 신분(身分)의 변화를 보면, "이스라엘 자손" 곧 야곱의 자손이었다가, "애굽 사람의 종"(5)이 된 것을, 속량하여 "자기 백성"(7) 곧 하나님의 백성으로 삼으시겠다는 것입니다. 핵심은 "속량"에 있는데, 속량이란 노예로 팔린 자를 대신 값을 지불하고 해방시켜 줌을 의미합니다. 이는 "출애굽"에 국한된 문제가 아니라 원죄 하에 있는 우리 모두의 구원방도인 것입니다.

"내가 아브라함과 이삭과 야곱에게 전능의 하나님으로 나타났으나 나의 이름을 여호와로는 그들에게 알리지 아니하였다"(3) 하시는데, 창세기를 통해서 계시된 하나님은 전능의 하나님(17:1)이셨습니다. 출애굽기에 이르러 바로의 종이 되었던 그들을 구속하여 내심으로, "나의 이름을 여호와"(3, 6, 8)로라 하고, 구원과 결부 된 "여호와"로 계시하신 것입니다.

14절 이하에는, "그들의 조상을 따라 집의 어른은 이러하니라" 하고 족보가 등장하는데 그 의도는, "이스라엘 자손을 그들의 군대대로 애굽 땅에서 인도하라 하신 여호와의 명령을 받은 자는 아론과 모세요" (26) 한, "아론과 모세"의 신분이 레위 족속임을 밝혀주기 위해서입니다. 이를 통해서 "나는 무엇을 위해서 태어나게 하셨는가" 하고 각성하게 됩니다.

적용

신 구약시대를 막론하고 죄 값에 팔린 자가 하나님의 자녀가 되는 것은 "속량" 외에 다른 방도가 없다는 점을 명심, 또 명심해야만 합니다.

나누어봅시다

1, "하나님과, 여호와"라는 이름에 함축된 의미에 대해서,

2, 백성들의 3가지 신분과, 3가지 약속이 무엇인가에 대해서,

3, "내 백성, 너희 하나님"이 무엇으로 가능하게 되는가에 대해서,

7장

나를 여호와인 줄 알리라

첫째 단원(1-7) 모세를 두번째로 바로에게 보내심

둘째 단원(8-13) 원리적인 표적

셋째 단원(14-25) 하수가 피로 변하는 첫 재앙

내용 관찰

7장의 중심점은 "나를 여호와인 줄 알리라" (5, 17)에있습니다. 바로는 "여호와가 누구이기에 이스라엘을 보내겠느냐" (5:2) 하고 말했는데 9가지 재앙은 이에 대한 답변이었던 것입니다. 하나님께서는 모세를 두번째로 바로에게 보내시면서, "바로가 너희의 말을 듣지 아니할 터인즉 내가 내 손을 애굽에 뻗쳐 여러 큰 심판을 내리고 내 군대, 내 백성 이스라엘 자손을 그 땅에서 인도하여 낼지라" (4) 하십니다.

우선적으로 뱀으로 변한 아론의 지팡이가 애굽의 술객들의 지팡이를 삼켜버리는 표적(12)이 나타립니다. 이는 원리와도 같은 표적으로 애굽

신에 대한 여호와의 승리를 의미하는 표징입니다.

그런 후에 첫 재앙으로 주어진 것이 애굽인들이 신성(神聖)시하던 나일강의 하수가 피로 변하여 하수의 고기가 죽고 그 물에 악취가 나는 재앙입니다. 재앙의 내용인 "뱀, 나일강, 개구리" 등은 애굽 인들이 섬기던 신과 관련이 있습니다. 그러므로 재앙은 "애굽의 모든 신에게" (12:12) 내린 벌이요, "나 외에 다른 신이 없느니라" 한 여호와가 하나님이시라는 자기계시였던 것입니다.

하나님께서 모세에게, "내가 너를 바로에게 신이 되게 하였다" (1) 말씀하시는데, 바로는 애굽 신의 대리자로, 모세는 여호와의 대리자로 등장하는 대결이 전개되는 것입니다.

이점에서 주목해야 할 말씀이 있는데, "이스라엘 백성을 내 군대 내 백성" (4)이라고 부르고 계신다는 점입니다. "내 백성을 보내라 그들이 나를 섬기리라" (5:1, 7:16, 8:1, 20, 9:1, 13, 10:3) 한 말은 모세가 바로에게 한 일관된 메시지입니다. 그들은 더 이상 바로의 노예가 아니라 하나님의 백성이요, 바로를 위하여 "국고성" (1:11)을 쌓아야 할 자들이 아니라 "하나님의 나라건설"을 위한 "여호와의 군대" (12: 41, 51)라는 말씀입니다.

"430년이 마치는 그 날에 여호와의 군대가 다 애굽 땅에서 나왔다" (12:41) 하십니다 우리가 하나님의 백성이고 여호와의 군대임을 명심한다는 것은 얼마나 중요한 요점입니까?

적용

우리의 신분은 "하나님의 백성"이요, 사명은 "여호와의 군대"라는 정체성을 망각하지 말아야만 하겠습니다.

나누어봅시다

1, 내가 너로 바로에게 신이 되게 하였다(1)는 의미에 대해서,

2, 아론의 지팡이가 그들의 지팡이를 삼켰다는 의미에 대해서,

3, "나를 여호와인줄 알리라" 하신 하나님의 자기 계시에 대해서.

8장

자기 백성을 구별하신 하나님

첫째 단원(1-15) 내 백성을 보내라
둘째 단원(16-32) 고센 땅을 구별하신 하나님

내용 관찰

8장의 중심점은 애굽 천지에 재앙을 내리시는 하나님께서 "자기 백성과 바로의 백성을 구별하셨다"는데 있습니다. 애굽으로 상징이 된 이 땅에는 "내 백성과, 네 백성"이 함께 있는 것입니다. 주님은 고린도 "성 중에 내 백성이 많음이라" (행 18:10) 하십니다. 그런데 이 두 사이를 "구별" 하신다는 말씀입니다.

8장에는 "개구리 (6), 이 (17), 파리떼" (24) 등의 재앙이 등장합니다. "그 날에 나는 내 백성이 거주하는 고센 땅을 구별하여 그 곳에는 파리가 없게 하리니 이로 말미암아 이 땅에서 내가 여호와인 줄을 네가 알게 될 것이라 내가 내 백성과 네 백성 사이를 구별하리니 내일 이 표징이 있으리라"(22-23) 하십니다.

이런 맥락에서 재앙의 의미는 바로로 하여금, "우리 하나님 여호와와 같은 이가 없는 줄을 알게"(10) 하기 위한 것이었습니다. "그러나 바로가 숨을 쉴 수 있게 됨을 보았을 때에 그의 마음을 완강케 하여 그들의 말을 듣지 아니하였으니"(15) 합니다.

다시 상기시킵니다만 출애굽을 상고하면서 놓치지 말아야 할 점은 이것이 영적 출애굽에 대한 예표라는 점입니다. 이런 맥락에서 바로는 사탄의 모형인 것입니다. 사탄은 그 머리를 상하기 전, 즉 숨을 통할 수 있음을 볼 때에는 결코 하나님의 자녀들을 그 손에서 놓지 않는다는 점입니다.

바로는 1차로 타협안을 제시하는데, "너희는 가서 이 땅에서 너희 하나님께 제사를 드리라"(25) 합니다. "이 땅"이 어느 땅인가? 애굽이 아닌가? 모세는 "그리함은 부당하니이다"(26) 하고 단호하게 거부합니다.

그러나 많은 하나님의 백성들이 이 타협안에 승복하여 이 땅에 머물면서 하나님을 섬기려 하고 있는 것입니다. 주님은 "한 사람이 두 주인을 섬기지 못할 것이라"(마 6:24) 하고 말씀하십니다. 이 땅에서 하나님과 바로를 겸하여 섬김은 불가한 일입니다.

두 번째 타협안은, "너무 멀리는 가지 말라"(28)는 말입니다. 무슨 뜻입니까? 자기의 지배권에 붙잡아 두려는 계책입니다. 많은 하나님의 백성들이 두 번째 타협안에 머물러 있으려 합니다. 그리하여 구원은 얻었다 하면서도 사탄의 지배하에 머물러 있는 사람들이 있습니다.

홍해를 건너가야만 합니다. 그곳까지는 바로가 추격해 올 수가 있었습니다. 그러나 홍해를 건넌 후에는, "죄가 너희를 주관치 못하리니"(롬 6:14), 즉 하나님의 통치하에 있게 되어 구름 기둥과 불 기둥, 즉 성령의 인도하심을 받게 되는 것입니다.

적용

형제는 사탄의 첫째와 둘째 타협안에 대해서 어떤 반응을 나타내고 있습니까?

나누어봅시다

1, 8장에 등장하는 세 가지 재앙과 구별하심에 대해서,

2, 바로의 첫째 타협안의 올무와 우리의 반응에 대해서,

3, 두 번째 타협안의 올무에 대해서,

9장

바로를 세우신 하나님

첫째 단원(1–12) 바로의 마음을 강퍅케 하심
둘째 단원(13–35) 이름이 온 천하에 전파되게 하려함

내용 관찰

9장의 중심점은 "내가 너를 세웠다", 즉 하나님께서 바로를 구속사의 무대에 세우셨다는데 있습니다. 세우실 때에는 목적이 있기 때문인데 그것은, "나의 능력을 네게 보이고 내 이름이 온 천하에 전파되게 하려함"이라 하십니다. 그러면 보이시려는 "능력"이 무엇인가? 바로를 들어서까지 보이시려는 능력과 표적이, "유월절 어린양의 피"라는 점을 명심하시기 바랍니다.

모세를 통한 메시지는 변함없이, "내 백성을 보내라 그들이 나를 섬길 것이니라"(13) 한 말씀입니다. 그러나 바로의 "마음이 강퍅하여 이스라엘 자손을 보내지 아니하였으니 여호와께서 모세에게 말씀하심과 같더

라"(7, 12, 35) 합니다.

"네가 만일 보내기를 거절하고 억지로 잡아두면"(2), 들에 있는 네 생축들에게 악질이 있을 것이라고 말씀합니다. 애굽인들은 소를 신성시 했습니다. 그런 우양에게 악질이 발하여 죽게 된다는 것은 그들의 믿는 종교에 타격을 주는 일이었습니다.

9장에는 "악질(3), 독종(9), 우박"(18) 등의 재앙이 등장하는데, "이스라엘 자손의 가축은 하나도 죽지 아니한지라(6), 이스라엘 자손들이 있는 그곳 고센 땅에는 우박이 없었더라"(26) 하고, 구별하십니다. 애굽 온 땅에 임한 흑암 재앙도(10:21) "이스라엘 자손의 거하는 곳에는 광명이 있었더라"(23) 하고 말씀합니다. 이런 구별은 장자를 멸하는 마지막 재앙에서 확연히 드러날 것입니다. 다시 강조합니다만 바로를 굴복시키기 위해서 10가지 재앙이 필요했던 것이 아닙니다. "내가 손을 펴서 돌림병으로 너와 네 백성을 쳤더라면 네가 세상에서 끊어졌을 것이나"(15), 즉 한 가지 재앙으로도 진멸시킬 수도 있으시다는 것입니다. 그러므로 보이시려는 "능력"은 1-9가지 재앙이 아니라, "유월절 어린양의 피"였던 것입니다.

9장은 "바로의 마음이 완악하여 이스라엘 자손을 내보내지 아니하였으니"(35) 하고 마치고 있는데, 그렇다면 바로의 마음을 완악하게 하시면서까지 보이시려는 "표적"이 무엇이란 말인가?

적용

우리를 택하시고 구별하여 세우실 때에도 목적이 있으셨기 때문입니다. 나는 무엇을 위하여 세움을 입었는가 하는 사명감에 확고해야만 합니다.

나누어봅시다

1, 모세가 바로에게 전한 메시지(1, 13)는 무엇인가?

2, 한 가지 재앙으로도 굴복시킬 수 있었다(15)는 점에 대해서,

3, 바로를 통해서까지 보이시려는 "하나님의 능력"이 무엇인가에 대해서,

10장

자손들 귀에 전해주어야 할 표징

첫째 단원(1–20) 아들과 자손의 귀에 전하게 하려 함
둘째 단원(21–29) 바로의 타협안

내용 관찰

10장에는 메뚜기(4)와, 흑암(21) 재앙이 나타나는데 이것이 8번째와 9번째 재앙입니다. 애굽 천지에 내린 재앙들은, "애굽의 모든 신에게 벌을 내리리라"(12:12) 하신, 그들이 섬기던 종교와 관련이 있다는 점을 유념해야 합니다.

그런데 어찌하여 단번에 굴복시키지 않고 10가지 재앙을 준비하셨는가? "표징을 네 아들과 네 자손의 귀에 전하기 위함이라"(2) 하십니다. 이 "표징"이 10장의 중심점입니다. 이 한 가지 표징을 보여주기 위해서 "바로를 세웠다(9:16), 바로의 마음을 완강하게 하셨다"(1) 하는 것입니다.

이점을 11:1절에서는, "한 가지 재앙을 바로와 애굽에 내린 후에야 그

가 너희를 여기서 내보내리라" 하십니다. 그러면 "한 가지 재앙, 하나님의 "표징"(表徵)이 무엇인가? 보이시려는 표징이 애굽 사람들에게는 장자를 멸하는 재앙으로, 하나님의 백성들에게는 구원을 얻는 "유월절 어린양"의 표징으로 주어졌던 것입니다.

출애굽은 영적 출애굽에 대한 예표인데, 10가지 재앙을 동원하신 의도는 출애굽을 가능하게 한 것이 1-9까지 재앙으로 된 것이 아니라 오직 "유월절 어린양"의 표징으로 되었다는 사실을 극대화시켜서 십자가 복음을 드러내게 하기 위해서인 것입니다. 그리하여 "내가 그들 가운데에서 행한 표징을 네 아들과 네 자손의 귀에 전하기 위함이라"(2), 즉 그리스도에게로 인도하기 위해서였던 것입니다.

바로는 다급해지자 세 번째 타협안을 제시하는데, "너희 장정만 가서 여호와를 섬기라"(11) 합니다. 이 타협안에 승복한 그리스도인들이 많습니다 그래서 하나님을 섬기러 나오는 것은 어른들뿐이고, 자녀들은 이러저러한 핑계로 애굽에 머물러 있게 하고 있는 것입니다.

네 번째 타협안은, "너희는 가서 여호와를 섬기되 너의 양과 소는 머물러 두고"(24) 가라는 것이었습니다. 어떤 분들은 이 타협안에 조인을 합니다. 물질과 함께 마음은 여전히 세상에 고정시켜 놓고 겉껍데기 몸만 나오는 사람들이 있습니다. 주님은 말씀하십니다. "네 보물 있는 곳에는 네 마음도 있느니라"(마 6:21).

적용

구약교회가 자녀들에게 전해주어야 할 표징이 무엇인가를 통해서, 신약교회가 자녀들에게 망각하지 않도록 전해주어야 할 표징을 명심하게 합니다.

나누어봅시다

1, 하나님께서 보여주시려는 한 가지 표징에 대해서,

2, 바로의 세 번째 타협안과 우리의 반응에 대해서,

3, 네 번째 타협안과 우리의 반응에 대해서.

11장
한 가지 재앙을 내린 후에야 내보내리라

첫째 단원(1-6) 처음 난 것이 죽으리라
둘째 단원(7-10) 자기 백성을 구별하심

내용 관찰

11장의 중심점은, "한 가지 재앙을 내린 후에야 내보내리라" (1)는 말씀에 있습니다. 하나님께서는 이를 아시고 계셨습니다. 좀 더 정확하게 표현을 하면 이 표징을 보여주시려고 이제까지 바로의 마음을 완강하게 하셨다(10, 10:1)는 것입니다.

"애굽 땅에 있는 모든 처음 난 것은 왕위에 앉아 있는 바로의 장자로부터 맷돌 뒤에 있는 몸종의 장자와 모든 가축의 처음 난 것까지 죽으리니" (5) 하십니다. "그러나 이스라엘 자손에게는 사람에게나 짐승에게나 개 한 마리도 그 혀를 움직이지 아니하리니 여호와께서 애굽 사람과 이스라엘 사이를 구별하는 줄을 너희가 알리라" (7) 하십니다.

"죽으리라" 하심은 죄에 대한 "심판"인데 어찌하여 "처음 난 것"만이 죽으리라 하시는가? "처음 난 것"은 모두를 대표하는 것으로 "모두가 죽어야 마땅"(롬 5:12) 한데 본보기로 처음 난 것만을 심판하시겠다는 의미입니다. 그러므로 신약의 성도들은 그리스도 안에서 모두가 죽은 것입니다.

출애굽기는 1-2장에서 이스라엘 백성들이 "무거운 짐"(1:11)을 지고 종 노릇하며 부르짖는 것으로 시작이 됩니다. 문제는 이들이 어떻게 해서 바로의 노예로부터 해방될 수가 있느냐에 있습니다.

이 문제는 이스라엘 백성들에게 국한된 문제만이 아니라 "이 장막에 있는 우리가 짐 진 것 같이 탄식하며(고후 5:4), 또 죽기를 무서워하므로 일생에 매여 종 노릇 하는 모든 자들"(히 2:15) 곧 우리의 문제인 것입니다.

11장은, "모세와 아론이 이 모든 기적을 바로 앞에서 행하였으나 여호와께서 바로의 마음을 완악하게 하셨으므로 그가 이스라엘 자손을 그 나라에서 보내지 아니하였더라"(10) 하고 마치고 있는데, 그렇다면 해답이 무엇인가?

적용

한 가지 표징을 드러내기를 얼마나 원하시는가를 보십시오. 이렇게 해서 드러내신 "표징"을 망각하지 않도록 자손의 귀에 전해주어야 하는 것은 우리의 책임입니다. 죽고 사는 문제가 이 "한 가지 표징"에 달렸기 때문입니다.

나누어봅시다

1, 보여주시려는 한 가지 재앙에 대해서,

2, 애굽 사람과 이스라엘을 구별하시겠다는 점에 대해서,

3, 바로의 마음을 강팍하게 하셨다는 점에 대해서,

12장

피를 볼 때에 넘어가리라

첫째 단원(1-2) 새로운 시작

둘째 단원(3-14) 피를 볼 때에 넘어가리라

셋째 단원(15-20) 무교절을 지키라

넷째 단원(21-28) 명하신 대로 행하니라

다섯째 단원(29-36) 가서 여호와를 섬기라

여섯째 단원(37-51) 여호와의 군대를 인도하여 내심

내용 관찰

12장은 출애굽기 중에서 중심장이요, 가장 긴 장이기도 합니다. 핵심은, "내가 피를 볼 때에 너희를 넘어가리니" 한 "유월절 어린양의 피"에 있습니다.

"너희 어린양은 흠 없고 일 년 된 수컷으로 하되 양이나 염소 중에서 취하고 이 달 열나흗날까지 간직하였다가 해 질 때에 이스라엘 회중이 그 양을 잡고 그 피를 양을 먹을 집 좌우 문설주와 인방에 바르고 그 밤에 그

고기를 불에 구워 무교병과 쓴 나물과 아울러 먹되”(5-8) 하십니다.

여기에 복음의 요소들이 다 계시되어 있는데, 성경은 “유월절 어린양”은 예수 그리스도의 모형(고전 5:7)이라고 말씀합니다. 그래서 흠이 없어야 했습니다. “양을 잡으라” 하십니다. 복음은 하나님께서 자기 아들을 잡으신, 즉 죽음에 내어주신 사건인 것입니다. 죄 값은 사망이라 선언하셨고, 그래서 피 흘림(죽음)이 없으면 사함이 없기 때문입니다.

그러면 이스라엘 백성들도 애굽 사람이나 마찬가지로 하나님 앞에 죄인들인데 심판을 하시지 않고 “넘어감”이 어떻게 가능해지는가? 죽음의 천사가 어느 집에 당도하였을 때에 “문 인방과 좌우 설주”(22)에 뿌려진 피를 보고는 “아, 이 집은 벌써 심판을 당했구나” 하고 넘어가게 된다는 말씀입니다.

1, 이스라엘 집에서는, “어린 양”이 대신 죽었다는데 이는 우리의 죄를 위하여 하나님의 아들이 대신 죽으실 것에 대한 모형이라는 것과,

2, 어린양이 흘린 피는 “뿌린 피”가 되어야 효험이 있다는 점입니다. 그리스도인이란, “예수 그리스도의 피 뿌림을 얻기 위하여 택하심을 받은 자들”(벧전 1:2)이라고 말씀합니다.

3, “고기를 불에 구워 먹으라” 하시는데 불에 굽는다는 것은 고난을 상징합니다. 주님께서는, “내 살을 먹고 내 피를 마시라”(요 6:54) 말씀하십니다.

이런 맥락에서 네 개의 복음서의 초점이 어디에 맞춰져 있는가를 확인해보시기를 바랍니다.

1, 마태복음 : "너희가 아는 바와 같이 이틀이 지나면 유월절이라 인자가 십자가에 못 박히기 위하여 팔리리라 하시더라" (마 26:2).

2, 마가복음 : "이틀이 지나면 유월절과 무교절이라 대제사장들과 서기관들이 예수를 흉계로 잡아 죽일 방도를 구하며" (막 14:1).

3, 누가복음 : "내가 고난을 받기 전에 너희와 함께 이 유월절 먹기를 원하고 원하였노라" (눅 22:15),

4, 요한복음 : "유월절 전에 예수께서 자기가 세상을 떠나 아버지께로 돌아가실 때가 이른 줄 아시고 세상에 있는 자기 사람들을 사랑하시되 끝까지 사랑하시니라" (요 13:1).

공통적으로 "유월절"에 맞춰져 있다는 점을 확인하게 될 것입니다. 이처럼 구약의 성도들을 그리스도에게로 인도하기 위해서, "내가 그들 가운데에서 행한 표징을 네 아들과 네 자손의 귀에 전하기 위함이라" (10:2) 말씀하셨던 것입니다.

"너희는 여호와께서 허락하신 대로 너희에게 주시는 땅에 이를 때에 이 예식을 지킬 것이라 이 후에 너희의 자녀가 묻기를 이 예식이 무슨 뜻이냐 하거든 너희는 이르기를 이는 여호와의 유월절 제사라 여호와께서 애굽 사람에게 재앙을 내리실 때에 애굽에 있는 이스라엘 자손의 집을 넘으사 우리의 집을 구원하셨느니라 하라" (25-27) 하시고 신약성경은, "너희가 이 떡을 먹으며 이 잔을 마실 때마다 주의 죽으심을 그가 오실 때까지 전하는 것이니라" (고전 11:26) 하십니다.

이점에서 중요한 경계가 나타나는데, 언약의 피를 뿌리고는, "아침까지 한 사람도 자기 집 문 밖에 나가지 말라"(22)는 경계입니다. 유월절 어린양의 피가 뿌려진 안에만 구원이 있습니다. 밖에는 없습니다.

우리가 한 가지 더 명심해야 할 점은 "누룩"(15)이라는 말과 "잡족"(38)이라는 말인데, 누룩은 죄를 상징합니다. 유월절 어린양의 피로 구속함을 받은 자들은 누룩 없는 무교병, 즉 성별의 삶을 살아야 하고, 잡족이란 "섞여 사는 무리"(민 11:4)를 가리키는데, 이들이 이스라엘을 부패시키는 누룩 역할을 했다는 점을 명심해야만 합니다. 출애굽기 12장은, "창세기 22장, 이사야 53장, 시편22편"과 함께 구약 성경에 나타난 갈보리 사건입니다.

적용

자기 아들을 대속 제물로 내어주신 일은 하나님께서 행해주신 일이요, 우리가 행해야 할 두 가지는 피가 뿌려진 문 밖에 나가지 말라는 점과, 무교병을 먹는 삶을 살아야 한다는 점입니다.

나누어봅시다

1, 유월절 어린양을 잡으라는 점에 대해서,

2, 흘린 피는 뿌린 피가 되어야 하고, 집 밖에 나가지 말라는 경계에 대해서,

3, 잡족과, 누룩이 상징하는 의미에 대해서,

13장

초 태생은 내 것이라

첫째 단원(1–2,11–16) 장자는 다 대속할지니라
둘째 단원(3–10) 유월절과 무교절을 지키라
셋째 단원(17–22) 그들 선두에서 인도하신 여호와

내용 관찰

13장에서 우선적으로 주목해야 할 단어는 7번이나 강조되어 있는 "처음 난 것"(초 태생)이라는 말입니다. 핵심은 "처음 난 모든 것은 다 내 것이라" 하시는 데 있습니다. 왜냐하면 심판을 받아 죽어야 하는 것이 유월절 어린양으로 대속(피로 값주고 사심)했기 때문입니다. 그래서 "네 아들 중 처음 난 모든 자는 대속할지니라"(13) 하십니다.

"대속"(代贖)이란 값을 대신 지불하고 속량해주는 것을 의미하는데, 대속으로 말미암지 않고는 구원을 얻을 자는 한 사람도 없기 때문입니다. 이처럼 대속교리는 우리의 죄를 대속하시기 위해서 대신 죽으신 예수 그리스도에게로 인도해 줍니다. 지상의 많은 종교가 있다고 해도 하나님의 아들이 우리를 대신하여 죽으셨다는 대속교리는 기독교에만 있고, 그러므로 대속교리는 기독교의 근간이 되는 진리입니다.

하나님께서 초 태생은 내 것이라 하시는데, "초태생, 첫 열매, 십일조" 만이 여호와의 것이고 나머지는 우리들의 것이라는 그런 뜻이 아닙니다. "장자"란 대표성을 나타냅니다. "모두, 다, 전부가 하나님의 것인데 그 중에서 대표로 "장자, 첫열매, 십일조를 드립니다" 하는 의미입니다.

그래서 "처음 난 것", 즉 장자가 강조되어 있는데 그리스도는, "많은 형제 중에서 맏아들" (롬 8:29) 곧 장자가 되시어서 우리를 대표해서 대신 죽어주셨던 것입니다.

그러므로 대속교리는 첫째로, 우리 모두는 이미 죽은 자라는 고백과, 둘째로 자기를 위해 살지 않고 대속해 주신 분을 위해서 살아야 한다는 삶의 목적과. 셋째로 누룩 없는 삶을 살아야 한다는 성별로 인도해줍니다.

너희는 가나안에 들어가거든 망각하지 않도록 "이 예식을 지켜" (5) 행하라 하시고 잊지 않도록, "이것이 네 손의 기호와 네 미간의 표가 되리라" (16) 하십니다.

13장은, "낮에는 구름 기둥, 밤에는 불기둥이 백성 앞에서 떠나지 아니하니라" (22) 하고 마치고 있는데, 신약교회는 성령의 인도하심으로 적용이 됩니다.

적용

형제여, 우리는 우리 것이 아니라 값으로 사신 여호와의 것이요, 여호와의 영광을 위해서 살아야 할 자들입니다. 이를 잊지 않도록 성찬을 행하라 하십니다. 그러므로 힘써 지켜야 할 것은 대속교리요, 행하기를 사모해야 할 점은 누룩 없는 삶 곧 성화입니다.

나누어봅시다

1, 초태생은 여호와의 것이라 하시는 의미에 대해서,

2, 하나님의 아들이 우리의 장자가 되시어 대신 죽어주셨다는 대속교리에 대해서,

3, 구름기둥, 불기둥으로 인도하심에 대해서,

14장

주의 길이 바다에 있었다

첫째 단원(1-9) 광야에 갇힌 바 된 하나님의 백성
둘째 단원(10-14) 원망하는 하나님의 백성
셋째 단원(15-20) 바다 가운데 육지로 행하리라
넷째 단원(21-31) 여호와를 경외하며 모세를 믿었더라

내용 관찰

14장의 내용은 홍해를 육지 같이 건넌 내용인데 하나님께서 모세에게, "이스라엘 자손에게 명령하여 돌이켜 바다와 믹돌 사이의 비하히롯 앞 곧 바알스본 맞은편 바닷가에 장막을 치게 하라"(2) 하십니다. 그러면 바로가 말하기를, "광야에 갇힌 바 되었다 하리라"(3), 즉 독안에 든 쥐라 말할 것이라는 것입니다.

추격해 오는 바로가 뒤에 미치게 되자 진퇴양난이 된 백성들은 두려워 떨면서, "우리를 이끌어 내어 이 광야에서 죽게 하느냐 어찌하여 당신이

우리를 애굽에서 이끌어 내어 우리에게 이같이 하느냐" (11) 하고 원망을 합니다.

바로의 군대가 접근해 왔을 때에 하나님께서, "애굽 진과 이스라엘 진 사이" 를 가로막고 서심으로, "저편이 이편에 가까이 못하였더라" (19-20) 말씀합니다. 그러면 하나님께서는 어찌하여 자기 백성을 막다른 길로 인도하셨는가? 생각해보십시다. 홍해가 아니었다면 어떻게 되었을 것인가를, 죽임을 당하고 애굽으로 끌려갔을 것입니다.

"여호와께서 모세에게 이르시되 너는 어찌하여 내게 부르짖느뇨 이스라엘 자손을 명하여 앞으로 나가게 하고 지팡이를 들고 손을 바다 위로 내밀어 그것으로 갈라지게 하라 이스라엘 자손이 바다 가운데서 마른 땅으로 행하리라" (15-16) 하십니다. 동일한 홍해가 하나님의 백성들에게는 구원으로(30), 바로의 백성들에게는 멸망으로 임하였던(28) 것입니다.

이점을 시편에서는, "주의 길이 바다에 있었고 주의 곧은 길이 큰 물에 있었으나 주의 발자취를 알 수 없었나이다" (시 77:19), 즉 바다 가운데 "곧은 길" 을 예비해놓으셨는데 이를 아는 자가 없었다고 해설해줍니다.

본문에는 첫째로, "나를 여호와인 줄 알리라" 는 말씀이 두번(4, 18) 등장하는데, 홍해를 육지 같이 건넌 사건은 그들과 후손들에게 하나님의 위대하심과 능력을 가장 뚜렷하게 보여주신 사건 중의 하나였습니다. 이 사건을 통해서 하나님이 영광 받으신다는 말씀이 3번(4, 17, 18)이나 나옵니다.

둘째로, 사망에서 생명으로 옮겨지는 복음을 계시하기를 원하셨던 것입니다. 홍해를 건넘으로 비로소 바로의 지배(支配)하에서 온전히 해방될 수가 있었던 것입니다. 이점을 주님께서는, "내가 진실로 진실로 너희에게 이르노니 내 말을 듣고 또 나 보내신 이를 믿는 자는 영생을 얻었고 심판에 이르지 아니하나니 사망에서 생명으로 옮겼느니라" (요 5:24) 하십니다.

14장은 "이스라엘이 여호와께서 애굽 사람들에게 행하신 그 큰 능력을 보았으므로 백성이 여호와를 경외하며 여호와와 그의 종 모세를 믿었더라" (31) 하고 끝을 맺고 있습니다.

형제여, 모세가 백성들을 향해서, "여호와께서 너희를 위하여 싸우시리니 너희는 가만히 있을지니라" (14) 함과 같이, 하나님을 믿는다는 것은 믿고 의탁하는 것을 의미합니다.

적용

형제에게도 진퇴양난의 "홍해"를 만난 경험이 있으시겠지요, 형제의 위치는 홍해 이편입니까?, 저편입니까? 바로에게 속했던 자들이 하나님께 속하게 되었다는 신분의 변화와, 자신의 정체성을 망각하지 않도록 합시다.

나누어봅시다

1, 하나님께서 백성들을 막다른 길로 인도하신 의도에 대해서,

2, 홍해를 건넌 구속사적 의미에 대해서,

3, 여호와께서 너희를 위하여 싸우시리라에 대해서,

15장

구원의 하나님을 찬양하라

첫째 단원(1-10) 모세의 노래

둘째 단원(11-21) 어린양의 노래

셋째 단원(22-27) 치료하는 여호와

내용 관찰

15장은 14장에서, 대적은 멸하시고 자기 백성은 구원하여주신, "큰 능력"(14:31)에 대한 찬양입니다. 그들은 약 4백년 동안 노래를 잃어버린 채 탄식과 부르짖기만 했던 노예들이었습니다. 이제 그들의 입에서 찬양이 터져 나온 것입니다.

"내가 여호와를 찬송하리니 그는 높고 영화로우심이요 말과 그 탄 자를 바다에 던지셨음이로다"(1) 하고 찬양합니다. "여호와는 나의 힘이요 노래시며 나의 구원이시로다"(2) 하고 고백합니다. "여호와여 주의 오른손이 권능으로 영광을 나타내시니이다 여호와여 주의 오른손이 원수를 부수시니이다"(6) 하고, "오른손"이 강조되어 있는데, 시편에서는 출애굽 사건을 "지존자의 오른손의 해"(시 77:10)라고 말씀합니다.

그렇다면 신약교회의 "지존자의 오른손의 해"는 무엇인지 아시겠습니까? "자기 아들을 아끼지 아니하시고 우리 모든 사람을 위하여 내주신"(롬 8:32) 십자가 사건인 것입니다.

계시록 15장에서는, "하나님의 종 모세의 노래, 어린양의 노래를 불러 이르되"하는 찬양이 있습니다. 어찌하여 "모세의 노래, 어린양의 노래"라 하는가? 출애굽의 감격이 영적 출애굽의 예표가 되기 때문입니다.

"여호와여 신 중에 주와 같은 자가 누구니이까 주와 같이 거룩함으로 영광스러우며 찬송할 만한 위엄이 있으며 기이한 일을 행하는 자가 누구니이까"(11) 하고 감격해하면서, "주의 인자하심으로 주께서 구속하신 백성을 인도하시되 주의 힘으로 그들을 주의 거룩한 처소에 들어가게 하시나이다"(13) 합니다. 이것이 "모세의 노래, 어린양의 노래"인 것입니다.

그런데 이처럼 감격해하며 찬양하던 자들이 불과 사흘 뒤에는 찬양하던 입술에서 "우리가 무엇을 마실까"(24) 하고 원망하는 "쓴물"이 나오는 것을 보게 됩니다. "마실 물이 없다(22), 물이 쓰다"(23)는 등의 문제는, 홍해를 갈라 육지같이 건너게 하신 "큰 능력"에 비하면 아무 것도 아닌 것입니다.

"자기 아들을 아끼지 아니하시고, 내주신 이가 어찌 그 아들과 함께 모든 것을 우리에게 주시지 아니하겠느냐"(롬 8:32) 하고 반문합니다. 우리가 연약하고, 죄인되고, 원수되었을 때에 자기 아들을 대속제물로 내어

주신 큰 일이 사실이라면 하물며 작은 일이야 의뢰하고 의탁할 수 있지 않느냐는 것입니다.

하나님께서는 쓴 물을 단 물로 변하게 하시고, "나는 너희를 치료하는 여호와 임이니라" (26) 말씀하십니다. "마라" (고난) 뒤에 물 샘 열 둘과 종려 70주가 있는 "엘림"을 준비해 놓으시고 기다리시는 하나님을 찬양하십시다.

적용

"바로의 추격—홍해가 가로막힘—아우성—홍해가 갈라짐—찬송—마라--원망--엘림"이 우리의 노정이기도 합니다. 형제는 마라 뒤의 엘림, 즉 현실 너머로 역사하시는 하나님의 선하신 손 길을 바라봅니까?

나누어봅시다

1, "모세의 노래와, 어린양의 노래"가 둘이 아니라 하나인 것에 대해서,

2, 찬양하던 입술에서 원망이 나오는 것에 대해서,

3, 마라 뒤에 엘림이라는 오아시스를 준비하심에 대해서,

16장

날마다 일용할 양식을 주시는 하나님

첫째 단원(1-3) 광야에 접어든 백성들의 원망
둘째 단원(4-18) 고기와 떡으로 먹이신 하나님
셋째 단원(19-36) 백성들의 불신앙

내용 관찰

출애굽한지 1개월 되는 때에 이스라엘 백성들은 신 광야(1)에 이르게 되었습니다. "광야"(曠野)라는 말을 유의하시기 바랍니다. 그들은 광야에 접어들었고 한달이 지나자 애굽에서 가져온 양식은 바닥이 났을 것입니다. 이제부터 어떻게 살아갈 것인가? 이것은 광야 같은 세상을 살아가고 있는 우리들의 문제이기도 합니다

그들은 염려했을 것이고 염려는 "원망"으로 터져 나왔습니다. 엘림을 만났을 때(15:27), 백성들은 환성을 질렀을 것입니다. 그러나 엘림을 떠나 광야로 접어들자 그들은 또 원망하기 시작했습니다. "원망"이란 말이

1-12절에 7번이나 나옵니다. 출애굽 과정에서 하나님의 백성들이 한 일이란 "원망" 뿐이었습니다. 모세를 원망한 것은 그를 세우신 여호와를 원망한 것이 됩니다.

그런 자들에게 여호와께서는, "너희가 해 질 때에는 고기를 먹고 아침에는 떡으로 배부르리니" (12) 하고, "일용할 양식"을 공급해주신 것입니다. 이는 백성들이 원망했기 때문에 주어진 것이라기보다는 하나님께서 백성들의 필요를 아시고 예비하신 것(마 6:32)으로 보아야만 합니다. 그들은 원망하기보다는 하나님을 의뢰하고 의탁했어야만 옳았습니다.

하나님은 만나를 주시면서 두 가지 시험 문제(4)를 내셨는데 첫째는, "아침까지 그것을 남겨 두지 말 것" (19), 둘째는 제 육 일에는 갑절을 거두고 안식일에는 나가지 말라(26) 하셨습니다. 시험하신 의도가 무엇인가? 하나님을 신뢰하는 여부를 보시기 위해서였습니다. 그러나 그들은 내일은 안 내릴지도 모른다는 불신에서 아침까지 남겨두었으며(20), 6일 동안 내렸는데 오늘이라고 안 내리겠느냐 하고 여호와의 말씀에 대한 불신으로 제 7일에도 나가는 자들(27)이 있었던 것입니다.

하나님께서는 만나를 "증거 판 앞에 두어 간수하라" (34) 하십니다. 무슨 증거인가? 모세 때 내린 만나는 참 만나 되시는 예수 그리스도에 대한 그림자라는(요 6:32) 증거입니다. 또한 하늘에 계신 아버지께서 사랑하는 자녀들에게 일용할 양식을 주시지 않겠느냐는 증거입니다. "이스라엘 자손이 사람 사는 땅에 이르기까지 40년 동안 만나를 먹되 곧 가나안 지경에 이르기까지 그들이 만나를 먹었더라" (35) 합니다.

그렇다면 금 송아지를 애굽에서 인도하여 낸 신이라고 숭배하던 그 이튿날도, "한 장관을 세우고 애굽으로 돌아가자" 하고 반역하던 그 다음날도 하나님께서는 만나를 내려주셨다는 것이 됩니다.

형제여, 우리는 그리스도로 말미암아 구원을 얻었을 뿐만 아니라(유월절 양), 생명의 떡 되시는 그리스도로 말미암아 살아가고 있음도 명심하십시다.

적용

"저희에게 당한 이런 일이 거울이 되고 또한 말세를 만난 우리의 경계로 기록하였느니라"(고전10:11) 하십니다. 거울에 비친 자손의 모습은 어떤 모습입니까?

나누어봅시다

1, 광야에 접어 든 백성이 원망한 것에 대해서,

2, 하나님께서 행해주신 일과, 그 예표에 대해서,

3, 하나님의 2가지 시험문제의 의도와, 백성들의 반응에 대해서,

17장

반석이신 그리스도

첫째 단원(1–7) 반석을 치라

둘째 단원(8–16) 산꼭대기에 서리라

내용 관찰

17장은 백성들이 르비딤에 이르렀으나 마실 물이 없어서 또 다시 원망하는 내용입니다. 이 목마름은, "그들이 광야 사막 길에서 방황하며 거주할 성읍을 찾지 못하고 주리고 목이 말라 그들의 영혼이 그들 안에서 피곤하였도다" (시 106:4-5) 한, 본질적인 목마름인 것입니다.

16장이 "무엇을 먹을까"에 대한 염려라면 17장은, "무엇을 마실까" (마 6:31)에 대한 염려인 것입니다. 성경은 "너희 하늘 아버지께서 이 모든 것이 너희에게 있어야 할 줄을 아시느니라" 하고 말씀하십니다. 그러나 그들은 하나님을 의뢰하지를 못했습니다.

하나님께서는 이 문제에 대한 해답을 어떻게 마련해주셨는가? "내가 호렙 산에 있는 그 반석 위 거기서 네 앞에 서리니 너는 그 반석을 치라" (6) 하십니다. 모세가 여호와의 명을 따라 반석을 치매 물이 솟아나왔습니다. 바울 사도는, "그 반석은 곧 그리스도시라" (고전 10:4) 하고 해석해 주고 있습니다. 반석 되시는 그리스도께서 치심, 즉 십자가상에서 그 육체를 찢으심으로 생수는 솟아나게 되었던 것입니다. (참고 슥 13:1, 7)

광야를 통과하기 위해서 필요 불가결한 요소는, "만나와 생수"입니다. 그런데 이 필요가 신약성경에 이르러서는 만나는 요한복음 6장에서 언급하시고, 생수는 7장에서, "누구든지 목마르거든 내게로 와서 마시라" (37) 하고 주어졌던 것입니다.

"때에 아말렉이 이르러 이스라엘과 르비딤에서 싸우니라" (8). 출애굽 이후 첫 대적해 온 것이 아말렉이요, 이것이 첫 싸움입니다. 아말렉은 에서의 후손(창 36:12)인데, "에서와 야곱"의 싸움은 어머니 리브가의 복중에서부터 시작이 되어, "여호와가 아말렉과 더불어 대대로 싸우리라" (16) 하시는 마지막 날까지 싸워야 할 싸움인 것입니다. 이런 맥락에서 이는 "여자의 후손과, 뱀의 후손"의 싸움을 상징한다 하겠습니다.

모세가 산 꼭대기에 올라가서 손을 들고 있는 모습은 우리로 하여금, "누가 정죄하리요 죽으실 뿐 아니라 다시 살아나신 이는 그리스도 예수시니 그는 하나님 우편에 계신 자요 우리를 위하여 간구하시는 자시니라" (롬 8:34) 한 그리스도의 중보를 예표한다 하겠습니다. 또한 "나의 환난 날에 내가 주를 찾았으며 밤에는 내 손을 들고 거두지 아니하였나니" (시 77:2) 한 우리의 기도로 적용이 됩니다.

"모세가 단을 쌓고 그 이름을 여호와 닛시"(15, 깃발)라 했습니다. 그것은 승리의 깃발이라는 뜻입니다. 시편 기자는 "주를 경외하는 자에게 기를 주시고 진리를 위하여 달게 하셨나이다"(시 60:4) 하고 찬양합니다.

형제여, 만나와 생수를 공급해주신 것은 "여호와 이레"요, 아말렉과의 싸움에서 승리한 것은 "여호와 닛시"임을 믿으시기 바랍니다. 그리고 이는 율법이 주어진 시내산 이전에 주어졌다는 점을 유념하시기 바랍니다.

적용

형제의 마음에, 가정에는 주를 경외하는 자를 위하여 기를 주시고 진리를 위하여 달게 하신 여호와 닛시의 깃발이 나부끼고 있습니까?

나누어봅시다

1, 백성들은 무엇 때문에 또 원망했습니까?

2, 이 문제에 대한 해답과, 구속사적 의미는 무엇입니까?

3, 여호와 닛시의 의미와 적용에 대해서,

18장

여호와의 군대를 조직하다

첫째 단원(1-12) 장인 이드로의 내방
둘째 단원(13-27) 하나님께서 허락하시면

내용 관찰

출애굽기는 크게 두 부분을 나누어 지는데, 1-18장까지는 출애굽한 하나님의 백성들이 시내 산에 이르러 진을 치는 데까지이고, 19-40장까지는 시내 산에 1년 간 머물면서 율법을 받고 성막을 세우는 내용입니다. 전반부는 구원이고, 후반부는 교제라고 말할 수가 있습니다.

18장은 전반부의 작은 결론이라 할 수가 있는데 중심점은, "무리 중에서 능력 있는 사람들을 택하여 그들을 백성의 우두머리 곧 천부장과 백부장과 오십부장과 십부장을 삼았다" (25)는 조직에 있습니다.

장인 이드로가, "모세가 돌려 보냈던 그의 아내 십보라와 그의 두 아들을 데리고" (2) 찾아옵니다. "모세가 여호와께서 이스라엘을 위하여 바로와 애굽 사람에게 행하신 모든 일과 길에서 그들이 당한 모든 고난과 여호와께서 그들을 구원하신 일을 다 그 장인에게 말하매" (8), "이제 내가 알았도다 여호와는 모든 신보다 크시므로 이스라엘에게 교만하게 행하는 그들을 이기셨도다" (11) 하고 말합니다.

모세는 이드로의 조언을 받아드려, "천부장과 백부장과 오십부장과 십부장"을 세워 여호와의 군대를 조직하고 편성합니다. 60만이라 한 장정 기준으로 해도 천 부장이 600명, 백부장이 6000명, 50부장이 12,000명, 10부장이 6만명 가량 되었다는 것이 됩니다.

모세는 천 부장들을 훈련시키고, 천 부장은 열명의 백부장에게 지시하고, "그들이 때를 따라 백성을 재판하되 어려운 일은 모세에게 가져오고 모든 작은 일은 스스로 재판하더라" (26) 합니다. 이제는 이스라엘 백성이 오합지졸과 같은 무리가 아니라 조직과 질서가 있는 여호와의 군대인 것입니다.

신약의 교회도, "너희 가운데서 성령과 지혜가 충만하여 칭찬 받는 사람 일곱을 택하라 우리가 이 일을 그들에게 맡기고" 하고, 임무를 분담했던 것입니다. "하나님은 무질서의 하나님이 아니시요 오직 화평의 하나님이시니라(고전 14:33) 합니다. 이점에서 잊어서는 아니 될 점은 장인 이드로의 건의나, 제직임명을, "하나님께서도 네게 허락하시면" (23) 한 조건부입니다.

적용

형제는 주의 몸 된 교회에서의 위치와, 임무가 무엇입니까? 배우든지 가르치든지 하십시오.

나누어봅시다

1, 구약교회의 지도체제에 대해서,

2, 교회 제직이 갖추어야 할 자질에 대해서,

3, "하나님이 허락하시면"에 대해서,

19장

시내산에 강림하신 하나님

첫째 단원(1-8) 제사장 나라가 되리라

둘째 단원(9-15) 지경을 범하지 말라

셋째 단원(16-25) 너는 아론과 함께 올라 오라

내용 관찰

19장은 하나님께서 시내산에 강림하시는 내용인데 목적을 두 가지로 들 수가 있습니다. 첫째로 모세는 이때를, "총회(總會)의 날"(신 9:10)이라고 말하는데 총회의 날에 "율법"을 주셨던 것입니다. 둘째는 성막 식양(式樣)을 주셔서 "성막"을 세우게 하기 위해서입니다.

중심점은, "너희가 내게 대하여 제사장 나라가 되며 거룩한 백성이 되리라"(6)는 말씀에 있습니다.

이스라엘 백성을 제사장 나라로 삼으신 데는 두 가지 목적이 있는데 첫째는 대제사장이신 그리스도를 보내시려는 통로로 삼으시기 위해서요,

둘째는 하나님의 말씀을 기록하여(롬 3:2) 전해주게 하기 위해서입니다. 만일 이스라엘이 하나님의 말씀(구약성경)을 받아 기록하여 전해줌이 없었다면 신약교회는, "예수가 그리스도"이심을 입증할 증거를 갖지 못하게 되었을 것입니다.

이점에 대조가 나타나는데, "구약교회"의 총회의 날에는 "율법"이 주어진 반면, "신약교회"의 총회의 날(오순절)에는 "성령"이 주어졌다는 점입니다. 이렇게 하신 것은 율법이 그리스도에게 인도하는 초등교사가 되어서 그리스도를 만나게 하시고, 그리스도께서 성취해 놓으신 구속사역을 성령께서 신약교회를 들어서 증언하게 하시기 위해서였던 것입니다.

그런데 "너는 백성을 위하여 주위에 경계를 정하고 이르기를 너희는 삼가 산에 오르거나 그 경계를 침범하지 말지니 산을 침범하는 자는 반드시 죽임을 당할 것이라" (12) 하십니다. 본문은 "반드시 죽을 것이라(12), 죽어야 하리니(13), 많이 죽을까 하노라(21) 합니다.

강림하시는 것은 그곳에 자기 백성이 있기 때문인데 이처럼 지경이 정해져서 만날 수가 없었던 것은 "죄" 때문입니다. 이 난제를 12장의 유월절 양 되시는 예수 그리스도를 통해서 해결해주신 것입니다.

이제는 영적 이스라엘인 신약교회가, "택하신 족속이요 왕 같은 제사장이요 거룩한 나라요 소유된 백성"이 된 것입니다. 그리고 그리스도의 구속으로 말미암아 은혜의 보좌 앞에 담대히 나아가게 되었는데, "이는 너희를 어두운 데서 불러 내어 그의 기이한 빛에 들어가게 하신 이의 아름다운 덕을 선포하게 하려 하심이라" (벧전 2:9) 하십니다.

적용

왕 같은 제사장이 된 형제의 정체성과 사명이 무엇인지 명심하고 있습니까?

나누어봅시다

1, 시내 산에 강림하신 하나님의 두 가지 의도에 대해서,

2, 그런데 지경을 정하라 하신 문제가 무엇인지에 대해서,

3, 이스라엘을 선민을 택하신 목적에 대해서,

20장
십계명과 번제

첫째 단원(1–21) 십계명을 주신 하나님
둘째 단원(22–26) 번제와 화목제를 드리라

내용 관찰

20장은 크게 두 분분으로 나누어지는데 1-21절은 십계명을 명하시는 내용이고, 22-26절은 번제와 화목제를 드리라는 말씀입니다. 이 두 주제는 불가분의 관계로 성경 전체를 집약해서 보여주시는 것이라 할 수가 있습니다.

먼저 "십계명"을 명하시는 의도인데 여기에는 교훈적인 의미와 신학적인 의미가 있습니다. 교훈적인 의미는 하나님의 백성답게 살아가게 하기 위해서입니다. 십계명을 지킴으로 하나님의 백성이 되는 것이 아니라 하나님의 백성이 되었기 때문에, "이 큰 나라 사람은 과연 지혜와 지식이 있는 백성이로다"(신 4:6), 즉 불신자들로 하여금 과연 믿는 자는 다르다는 말을 하여 하나님께 영광을 돌리게 하기 위해서 십계명을 주신 것입니다.

신학적인 의미는 율법은 우리를 그리스도께로 인도하는 "초등교사"(갈 3:24)라고 말씀합니다. 율법으로 죄를 깨닫고 해답이신 그리스도를 만나게 하기 위해서라는 말씀입니다. 그러므로 출애굽의 목적지는 시내산이 아니라, "너희가 이른 곳은 시온 산"(히 12:22)이라고 말씀합니다. 그러나 반드시 "시내산"을 통과해야만 했던 것입니다. 왜냐하면 시내산의 율법을 통해서 죄를 깨달은 자만이 시온산에 가서 그리스도를 만나게 되기 때문입니다.

이점이 십계명을 주시는 것으로 끝이신 것이 아니라 둘째 단원에서, "내게 토단을 쌓고 그 위에 네 양과 소로 네 번제와 화목제를 드리라, 네게 임하여 복을 주리라"(출 20:24) 하시는 말씀에 분명히 나타납니다. 성경이 말씀하는 "번제"가 누구의 무엇에 대한 예표입니까?

"이 율법의 말씀을 실행하지 아니하는 자는 저주를 받을 것이라"(신 27:26) 하시는데, "율법의 행위로 그의 앞에 의롭다 하심을 얻을 육체가 없나니"(롬 3:20), 그러므로 우리는 모두가 저주 아래 있는 자들입니다. 그런 우리를 위하여 그리스도께서 "번제와 화목제", 즉 "우리를 위하여 저주를 받은 바 되사 율법의 저주에서 우리를 속량하심으로"(갈 3:13) 도리어 복을 받게 하신 것이 하나님의 망극하신 사랑인 것입니다.

이점이 "네가 내게 돌로 제단을 쌓거든 다듬은 돌로 쌓지 말라 네가 정으로 그것을 쪼면 부정하게 함이니라"(25) 하신 경계에 더욱 명백하게 나타납니다. 우리의 구원은 그리스도께서 단 번에 영원히 온전케 하신 것이지 거기에 "정으로 쪼듯" 무엇인가 첨부한다면 "부정함", 즉 다른 복음이 된다는 것입니다.

그리스도인들은 율법 아래 있지 아니하고 번제로 드려주신 은혜 아래(롬 6:14) 있습니다. 그러므로 더욱 마음을 다하고 뜻을 다하여 하나님을 사랑하고 이웃을 사랑하여야 하겠습니다.

적용

"율법"으로 죄를 어떻게 깨닫게 되는가? 사도 바울은 10번째 계명인, "율법이 탐내지 말라 하지 아니하였더라면 내가 탐심을 알지 못하였으리라"(롬 7:7) 합니다. "탐심"(貪心), 즉 죄는 마음의 문제라는 것입니다. 그래서 "탐심은 우상숭배"(골 3:5)라고 말씀합니다.

나누어봅시다

1, 율법을 주신 교훈적인 목적에 대해서,

2, 율법을 주신 신학적인 의미에 대해서,

3, 계명을 주시면서 동시에 번제를 드리라 하시는 하나님의 마음에 대해서,

21장

여호와의 법규

첫째 단원(1-11) 남녀 종에 관한 율례

둘째 단원(12-36) 생명보호에 관한 율례

내용관찰

21장은, "네가 백성 앞에 세울 법규는 이러하니라"(1) 하고 시작이 되는데 21장-23장은 "십계명"에 대한 시행세칙이라 할 수가 있습니다. 본문은 일종의 재판 법인데, 율법에 나타난 법의 정신은 죄악의 확산을 방지하는 차원에서 죄에 대한 형벌은 부과하되, 악이 악을 낳는 악순환을 방지하기 위해 보복하는 것을 제한하고 있다는 점입니다.

"사람을 쳐죽인 자는 반드시 죽일 것이나"(12) 한 것은 생명의 존엄과 죄의 확산을 엄중히 방지하는 장치이고, "눈은 눈으로, 이는 이로, 손은 손으로, 발은 발로"(24) 등은, 그 이상의 보복은 안 된다는 제한하는 장치입니다. 천지의 창조자시며 대 주재자가 되시는 하나님께서 여종의 "이 하나"(27)를 상하게 한 문제나, 소나 나귀를 구덩이에 빠지게 한 사건(33)등을 돌아보신다는 것은 얼마나 자상하시고 자비하신 면을 보여주고 있습니까?

돈을 주고 산 노예라고 해도, "일곱째 해에는 몸값을 물지 않고 나가 자유인이 될 것이며"(2) 한 법규는 희년에 있을 대 사면(눅 4:18-21)과 상통합니다.

자유 할 수 있는 종이 진정으로 상전과 처자를 사랑하기 때문에, "나가서 자유인이 되지 않겠노라 하면"(5) 재판장에게 가서 "그 귀를 뚫을 것이라" 합니다.

이 제도는 창세 전부터 아버지와 함께 영광 가운데 계시던 그리스도께서 아버지를 사랑하시고 우리를 처자처럼 사랑하심으로, 스스로 영광을 포기하시고 "오히려 자기를 비워 종의 형체를 가지사 사람들과 같이 되셨고, 죽기까지 복종하셨으니 곧 십자가에 죽으심이라"(빌 2:7-8), 즉 양손 양 발이 못에 뚫리기까지 복종하여 주신 우리 주 예수 그리스도를 반영해 주고 있다 하겠습니다.

이점을 신약성경에서는, "남편들아 아내 사랑하기를 그리스도께서 교회를 사랑하시고 위하여 자신을 주심같이 하라"(엡 5:25) 하고 권면합니다. 이처럼 법규의 정신은 궁극적으로 그리스도의 사랑과 희생의 정신을 반영하고 있는 것입니다.

이점에서 생각하게 되는 것은 아내와 자녀를 사랑하여 영광의 자유마저도 포기한 남편이자 아버지를 그 처 자식들이 어찌 사랑하지 않을 수가 있겠느냐는 점입니다. 우리도 상전이신 그리스도와 형제들을 섬기기 위하여 "사랑으로 서로 종 노릇"(갈 5:13)함이 마땅한 것입니다.

적용

형제여! 형제의 귀는 뚫려 있습니까?

나누어봅시다

1. 극형(사형)은 죄의 무엇을 막는 장치입니까?

2, 눈은 눈으로 갚으라는 것은 무엇을 제동하는 장치입니까?

3, 처자를 사랑하여 자유를 포기하고 귀를 뚫는 종의 심정에 대해서,

22장
배상법

첫째 단원(1-17) 사 배나 갚을지니라
둘째 단원(18-31) 거룩한 사람이 될지니라

내용관찰

22장은 크게 두 부분으로 나누어지는데 전반부(1-15)는 10계명 중 여덟 번째 계명인 "도적질하지 말지니라"는 말씀에 대한 시행세칙이라 할 수가 있습니다. 만일 도적질을 했다던가 남에게 손해를 끼쳤다면 어떻게 해야할 것인가? "배상"(賠償)하라고 말씀합니다. 그래서 전반부에는 배상이라는 말이 무려 14번이나 나옵니다.

십계명의 정신은 하나님을 사랑하고(1-4계명), 이웃을 사랑(5-10계명)하라는 두 계명으로 요약이 되는데, 그러므로 도적질한 죄라 해도 피해자, 즉 사람과의 관계에서 배상만 해주면 그만이냐 하면 그렇지가 않다는 것입니다. 왜냐하면 한 계명을 범함은 모두 범함과 같기(약 2:10) 때문입니다. 즉 하나님과의 관계가 아직 남아 있는 것입니다.

출애굽기에서 언급하고 있는 배상법을 레위기에서 좀 더 구체적으로 말씀하고 있는데 이것이 "속건제"의 규례입니다. "물건을 돌려 보내되 곧 그 본물에 오분 일을 더하여 돌려 보낼 것이나 그 죄가 드러나는 날에 그 임자에게 줄 것이요"(레 6:5) 하고 말씀합니다. 이것이 사람에게 하는 배상입니다. 그런 연후에 "그는 또 그 속건제를 여호와께 가져 올지니"(레 6:6) 하십니다. 이는 하나님께 배상하는 의식입니다. 하나님의 백성이 범하는 모든 죄에 대한 최대의 피해자는 하나님이라는 사실입니다. 그로 말미암아 하나님의 가문에 욕을 들리게 되었고, 아버지의 이름이 모독을 받으시게 되기 때문입니다. 이를 배상하는 제도가 속건제입니다.

이사야 53:10절에는, "그 영혼을 속건 제물로 드리기에 이르면" 하고 주께서 속건 제물이 되셨음을 말씀합니다. 죄가 없으시고 하나님께 아무런 손해도 끼치신 일이 없으신 주께서 왜 속건 제물이 되셔야만 했습니까? 우리가 하나님께 끼친 손해를 대신 배상해주시기 위해서였습니다.

후반부(16-31)에서는 여러 가지 윤리적인 율례를 말씀하십니다. 이 부분에 있어서 핵심적인 말씀은 "나는 자비로운 자임이니라"(27), 그러므로 "너희는 내게 거룩한 사람이 될지니라"(31)는 말씀입니다. 율법을 주시는 분은 "자비"하신 분이고, 자비의 은총을 입는 자는 "거룩"해야 한다는 것, 이것이 실천윤리의 근간이 되는 말씀입니다.

형제여, 이웃에게 손해를 끼치지 맙시다. 그것이 곧 하나님께 손해를 끼치는행위라는 점을 명심하십시다. 주님을 다시 십자가에 못 박을 수는 없지 않습니까?

적용

삭개오는, "주여 보시옵소서 내 소유의 절반을 가난한 자들에게 주겠사오며 만일 누구의 것을 속여 빼앗은 일이 있으면 네 갑절이나 갚겠나이다" (눅 19:8) 하고 말했습니다.

나누어봅시다

1, 하나님께 회개만 하면 되는 것이 아니라 사람에게 배상해야 한다는 점에 대해서,

2, 사람에게 끼친 손해가 곧 하나님께 손해를 끼친 것이라는 점에 대해서,

3, 주님께서 드려주신 속건제의 의미에 대해서,

23장

여러가지 법규와 3대 절기

첫째 단원(1–9) 재판에 관한 율례
둘째 단원(10–19) 안식일, 안식년, 삼 대 절기
셋째 단원(20–33) 사자를 앞서 보내리라

내용 관찰

23장의 중심점은, "너는 매년 세번 내게 절기를 지킬지니라" (14) 하신 말씀에 있는데 23장은 이에 입각해서 해석해야 마땅합니다. 3대 절기는 유월절(무교절), 오순절(맥추절), 초막절(수장절)입니다. 그렇다면 3대 절기의 구속사적 의미가 무엇인가?

첫째로, 유월절인데 유월절은 가히 이스라엘 민족에게 있어서는 최대의 명절이 아닐 수가 없습니다. 유월절 양의 피로 말미암아 애굽에서 구출 된 해방 기념 축제이기 때문입니다. 이 절기를 지키게 하심으로, "우리의 유월절 양 곧 그리스도께서 희생되셨느니라" (고전 5:7) 한 그리스도를 기다리게 하신 것입니다.

그러므로 유월절에는 집 안에서 누룩을 제하고 누룩 없는 떡을 먹어야만 합니다. 그래서 무교절이라 합니다.

둘째는, 오순절(맥추절)인데, "오순절 날이 이미 이르매 그들이 다같이 한 곳에 모였더니, 다 성령의 충만함을 받고"(행 2:1, 4) 하고, 성령 강림으로 성취가 되었습니다.

셋째로, 초막절인데 추수가 끝난 후에 지키는 절기이기 때문에 수장절이라고도 합니다. 이는 출애굽 당시 광야 생활을 하던 일을 잊지 않게 기념하는 절기입니다.

그런데 "여덟째 날도 성회"(레 23:36)라 말씀하는데, 이점을 신약성경에서는, "명절 끝날 곧 큰 날"(요 7:37, 最大之日)이라고 말씀합니다. 왜냐하면 초막에 거하던 광야 생활을 끝마치고 약속의 땅 가나안에 들어가게 되었기 때문입니다. 그리고 이 예표는 그리스도의 재림으로 성취가 될 것입니다.

"유월절, 오순절, 초막적"은 하나님의 구원계획을 요약한 중요한 요점을 계시해주고 있는데, 그리스도께서 유월절 어린양으로 "다 이루었다" 하신 후에, 오순절 곧 성령은 이를 증언하기 위해서 강림하셨고, 이제 우리는 하나 남은 초막절의 기간을 주님께서 뿌리신 것을 추수하면서 그리스도의 재림을 기다리고 있는 것입니다.

이런 맥락에서, "네가 만일 네 원수의 길 잃은 소나 나귀를 보거든 반드시 그 사람에게로 돌릴지며(4), 네가 만일 너를 미워하는 자의 나귀가 짐을 싣고 엎드러짐을 보거든 그것을 버려두지 말고 그것을 도와 그 짐을 부릴지니라" (5) 하신 말씀 등은 목회 현장에서 3대 절기 곧 그리스도의 사랑의 정신으로 행해야 할 실천윤리들인 것입니다.

이런 점이, "너는 엿새 동안에 네 일을 하고 일곱째 날에는 쉬라 네 소와 나귀가 쉴 것이며 네 여종의 자식과 나그네가 숨을 돌리리라" (12) 하신 말씀 등에도 분명히 나타나고 있습니다.

주님 오시는 그 날은 곧 큰 날이 될 것입니다. 그날이 오기까지 매일매일을 초막절의 정신으로 살아가야 하는 것입니다.

적용

유월절을 통하여 구원을 얻고, 오순절의 성령강림을 경험한 형제는, 초막절의 정신으로 살아가고 있습니까?

나누어봅시다

1. 3대 절기의 구속사적 의미에 대해서,

2, 초막절의 끝 날이 큰 날이라는 점에 대해서,

3, 다른 율례에 나타난 그리스도의 마음에 대해서,

24장

첫 언약과 번제

첫째 단원(1-8) 짐승의 피로 세운 첫 언약
둘째 단원(9-18) 번제를 드리고 먹고 마심

내용 관찰

십계명은 20장에서 주어졌고, 시행세칙은 21장-23장에서 말씀하셨습니다. 24장에서는 이 율법을 백성들에게 낭독한 후에 언약식을 거행하는 내용입니다.

"언약서를 가져다가 백성에게 낭독하여 듣게 하니 그들이 이르되 여호와의 모든 말씀을 우리가 준행하리이다"(7) 하고 선서를 합니다. 그러자 모세가 백성에게 피를 뿌리며, "이는 여호와께서 이 모든 말씀에 대하여 너희와 세우신 언약의 피니라"(8) 하고 선언합니다. 이렇게 해서 첫 언약은 체결이 된 것입니다.

언약식을 거행한 후에, "모세와 아론과 나답과 아비후와 이스라엘 장로 칠십 인이 올라가서 이스라엘의 하나님을 보니 그의 발 아래에는 청옥을 편 듯하고 하늘 같이 청명하더라 하나님이 이스라엘 자손들의 존귀한 자들에게 손을 대지 아니하셨고 그들은 하나님을 뵙고 먹고 마셨더라" (9-11) 하고, 교제가 이루지는 것이 나옵니다.

"존귀한 자들에게 손을 대지 아니하셨다"는 것은 죽임을 당하지 않았다는 뜻인데 이것이 어떻게 가능하여졌는가? "번제와 화목제" (5), 즉 제물이 피를 흘리고, 흘린 피가 "뿌려졌기" 때문에 가능해졌다는 점을 놓쳐서는 아니 됩니다.

그러므로 24장의 구조(構造)도 20장과 동일하게, "우리가 준행하리이다"(7) 한 율법과, 단을 쌓고 "여호와께 번제와 화목제를 드리게"(5) 한 "번제"가 함께 등장한다는 점을 유념하시기를 바랍니다. 무슨 뜻인가? 율법을 준행함으로 의롭다함을 얻을 자는 없고 오직 번제, 즉 그리스도의 대속을 통해서만이 가능하여진다는 점을 계시해주고 있는 것입니다.

이점을 히브리서는 해석하여 주시기를, "이러므로 첫 언약도 피 없이 세운 것이 아니니" (히 9:18) 하면서 "율법을 따라 거의 모든 물건이 피로써 정결하게 되나니 피흘림이 없은즉 사함이 없느니라" (히 9:22) 하고 말씀합니다.

왜냐하면 죄 값은 사망이기에, "피 흘림", 즉 죽음이 없이는 사함이 불가능하다는 뜻인데 이점이 본문에서는 "번제와 화목제"로 나타난 것입니다. 그러나 짐승이 피를 흘림으로 사람의 죄가 대속이 되는 것이 아니라 "참 것의 그림자"라고 말씀합니다.

형제여, 우리에게는 "염소와 송아지의 피로 하지 아니하고 오직 자기의 피로 영원한 속죄를 이루사 단번에 성소에 들어가셨느니라" (히 9:12) 한 예수 그리스도의 대속으로 말미암아 하나님과 화목하게 되었고 은혜의 보좌 앞에 담대히 나아가는 교제가 가능하게 된 것입니다.

그리고 새 언약은 "내 법을 그들의 생각에 두고 그들의 마음에 이것을 기록하리라" (히 8:10), 즉 마음에서 우러나오는 자발적인 순종의 삶을 살아가게 된다고 말씀합니다.

적용

우리에게는 첫 언약에 비해 "더 좋은 언약(히 7:22, 8:6), 더 좋은 약속(히 8:6), 더 좋은 제물(히 9:23), 더 좋은 부활(히 11:35), 더 좋은 본향(히 11:16)이 있습니다. 형제의 다짐은 무엇입니까?

나누어봅시다

1, 24장의 구조도 "준행하리이다와, 번제" 로 되어 있다는 점에 대해서,

2, 첫 언약도 피 없이 세워진 것이 아니라는 점에 대해서,

3, "손을 대지 아니하심"이 어떻게 가능해졌는가에 대해서,

25장

그들 중에 거할 성소를 지으라

첫째 단원(1-9) 그들 중에 거할 성소
둘째 단원(10-22) 언약궤와 속죄소
셋째 단원(23-40) 진설병과 등대

내용 관찰

25장-31장은 성막의 제도입니다. 하나님께서는, "내가 그들 중에 거할 성소를 지으라" (8)고 명하십니다. 이점에서 잊지 말아야 할 점은 시내 산에 강림하신 하나님께서는 율법의 돌판만을 주신 것이 아니라, 성막 설계도도 주셨다는 점입니다. 이는 사활적으로 중요한 요점입니다.

왜냐하면 율법만을 주시고 성막을 주시지 않으셨다면 어떻게 되는가? 번제단, 속죄소도 없어 문제만 있고 해답이 없는 것이 됩니다. 엄격하게 말하면 구약의 성도들은 구원을 얻을 방도가 없는 것이 됩니다.

그러므로 하나님께서 "그들 중에 거할 성소를 지으라" 하심은 죄인들이 들을수 있는 최고 최대의 놀라운 말씀이요, 망극한 은혜인 것입니다. 이를 구속사라는 맥락으로 보면 "성막"은 구약에 나타난 성 육신 사건이라 할 수가 있습니다.

그렇습니다. 성막이 지향하고 있는 궁극적인 진리는 하나님이 인간의 장막 같은 육산을 입고 이 땅에 오신다는 임마누엘의 사건의 예표로 주어진 것이기 때문입니다. 그래서 성막은 "무릇 내가 네게 보이는 모양대로 장막을 짓고 기구들도 그 모양을 따라 지을지니라"(9) 하십니다. 그러므로 성막 식양은 의문에 쌓여 있는 복음이었던 것입니다.

성막을 지으라 하시면서 첫 말씀이, "조각목으로 궤를 짜되"(10-22) 하고 법궤를 말씀합니다. 이는 성막 중에서도 지성소가, 지성소 중에서도 법궤가 핵심임을 의미합니다. 왜냐하면, "순금으로 속죄소를 만들되"(17) 하고, 법궤 위가 "속죄소"(21), 즉 은혜를 베푸시는 시은소(施恩所)이기 때문입니다.

하나님은 "거기서 내가 너와 만나고 속죄소 위 곧 증거궤 위에 있는 두 그룹 사이에서 내가 이스라엘 자손을 위하여 네게 명령할 모든 일을 네게 이르리라"(22) 하십니다.

성막을 회막(會幕)이라도 부르는 것은 만남의 장소라는 뜻에서 입니다. 어찌하여 속죄소 거기서 만나주시겠다 하시는가? 1년 1차 대제사장이 속죄 일에 피를 가지고 들어가서 그 곳에 붓는 곳이기 때문입니다. 즉 예수 그리스도의 대속의 공로를 의지하여 하나님의 보좌 앞에 담대히 나아갈 길이 열리게 될 예표로 주어진 것입니다.

대제사장이 속죄 피를 속죄소에 붓는 것은 우리가 법 아래 있지 아니하고 은혜 아래 있게 될 것에 대한 그림자입니다. 우리는 지금 법 아래 있지 아니하고 속죄의 피, 즉 은혜 아래(롬 6:14) 있는 것입니다.

다음으로 "너는 조각목으로 (떡)상을 만들라(23), 너는 순금으로 등잔대를 쳐 만들라(31) 하시는데, "속죄소, 떡상, 등잔대" 등은 모두 그리스도께서 이루실 사역의 일면을 보여주는 것입니다.

그런데 "등잔 일곱을 만들어 그 위에 두어 앞을 비추게 하라"(37) 하시는데, 우리의 모든 언어행실은 "앞을 비추는" 여호와의 등불 앞에서 행하고 있다는 점을 유념해야만 합니다.

적용

형제는 하나님을 만나신 적이 있으십니까? 하나님께서 말씀하시는 것을 들으신 적이 있으십니까? "거기서 내가 너와 만나고, 네게 이르리라" 하신 신실하신 하나님의 약속을 믿으시기 바랍니다.

나누어봅시다

1, 성막을 지으라는 하나님의 의도에 대해서,

2, 속죄소, 떡상, 등잔대를 통한 구속사적 예표에 대해서,

3, "거기"서 이루어지는 두 가지 요점이 무엇인가에 대해서,

26장

성소와 지성소를 구별하라

첫째 단원(1–14) 성막 덮개를 만들라

둘째 단원(15–30) 널판을 만들어 세우라

셋째 단원(31–37) 휘장을 만들어 구별하라

내용 관찰

25장에서 먼저 내부의 기구들을 말씀하고는 26장에서는, 외부의 네 겹의 성막 덮개(1-14)와, 성소의 골격을 세울 널판(15-30)과, 성소와 지성소를 구별하기 위하여 드리워질 휘장(31-33)등을 말씀합니다.

"붉은 물 들인 숫양의 가죽으로 막의 덮개를 만들고", 성막의 겉은 "해달의 가죽으로 그 윗덮개를 만들지니라"(14) 하십니다. 아가서에서 술람미 여인은, "예루살렘 딸들아 내가 비록 검으나 아름다우니 게달의 장막 같을지라도 솔로몬의 휘장과도 같구나"(아 1:5) 하는데, 자기 겉모습은 해달의 가죽같이 검으나 속은 솔로몬의 휘장같이 아름답다는 말인데, 성소가 그러했던 것입니다.

"너는 조각목으로 성막을 위하여 널판을 만들어 세우라"(15) 하시고, "너는 청색 자색 홍색 실과 가늘게 꼰 베 실로 짜서 휘장을 만들라"(31) 하시면서, 그 휘장으로 "성소와 지성소를 구분하리라"(33), 즉 막으라 하십니다.

이렇게 성막을 세운 후에, 증거(법)궤를 그 휘장 안에 들여놓고(33), 성소 북편에 떡상을 놓고, 남편에는 등잔 일곱이 있는 등대를 놓으라(35) 하십니다. 히브리서 8장에서는 "저희가 섬기는 것은 하늘에 있는 것의 모형과 그림자라"(5) 말씀합니다. 그렇다면 참 의미는 무엇일까요? 성소 전체는 그리스도께서 인간의 장막을 입고 오실 모형이요, 등대는 세상의 빛 되신(요 8:12) 그리스도를, 진설한 떡은 생명의 떡(요 6:48)되시는 그리스도를, 향 단은 우리의 중보자 되시는 그리스도의 모형입니다.

휘장으로 중간을 막으라 하심은, "오직 너희 죄악이 너희와 너희 하나님 사이를 갈라 놓았고 너희 죄가 그의 얼굴을 가리어서 너희에게서 듣지 않으시게 함이니라"(사 59:2)를 명백히 보여주는 모형인 것입니다. 막혀 있던 휘장이 주님께서 십자가상에서 "다 이루었다" 선언하셨을 때에 비로소 열려졌던 것입니다.

형제여, 모형으로 주셨던 성막 식양을 참 것으로 성취해 주신 하나님을 찬양하십시다.

적용

성막은 하나님께서 보여주신 설계도 대로 지어야만 했습니다. 이 설계도가 신약교회에는 성경으로 주어진 것입니다. "너로 하여금 하나님의 집에서 어떻게 행하여야 할지를 알게 하려 함이니 이 집은 살아 계신 하나님의 교회요 진리의 기둥과 터니라"(딤전 3:15) 하십니다. 성경 대로 섬기십시다.

나누어봅시다

1, 떡상, 등대, 향단의 구속사적 의미에 대해서,

2, 성소와 지성소를 휘장으로 막으라 하신 의도에 대해서,

3, 그것이 언제 어떻게 해서 열려지게 되었는가?

27장

번제단과 성막 뜰

첫째 단원(1-8) 놋으로 만든 번제단
둘째 단원(9-19) 성막 뜰에 세워진 60개의 기둥
셋째 단원(20-21) 끊이지 말고 켜야 할 등불

내용 관찰

27장은 번제 단(1-8)과, 성막 뜰(9-19)에 관한 식양입니다. 중심점은 번제단인데 하나님께서는 번제단을 성막 뜰에 두라 하십니다. 번제단은 제물을 불살아 드리는 곳으로 그리스도께서 "자기 피로써 백성을 거룩하게 하려고 성문 밖에서 고난을 받으셨느니라" (히 13:12)에 대한 모형이기 때문입니다.

번제단과 관련된 핵심 단어는, "그 제단을 놋으로 싸라" (2) 하신 "놋" 입니다. 성경에서 "놋"은 심판을 상징 합니다. 그리스도께서 담당하실 십자가에 대한 예표인 번제단을 놋으로 만들라 하심은 우리 대신 받으실 심판을 의미합니다. 이스라엘 백성들이 불 뱀에 물렸을 때에도 그들을 치유하기 위해서 놋 뱀(민21:8)을 만들어 높이 달라 하셨는데 이는, "모세가 광야에서 뱀을 든 것 같이 인자도 들려야 하리니"(요 3:14) 하신 십자가에 달리실 모형이었던 것입니다.

이점에서 주목하게 되는 것은, "그 네 모퉁이 위에 뿔을 만들되"(2) 한, 번제단의 뿔입니다. 뿔은 능력을 나타내는데 십자가 복음은 믿는 자를 구원하시는 능력인 것입니다.

성전 뜰은 휘장으로 둘러쳐져 있었는데 휘장을 고정시키기 위해서 60개(10-16)의 기둥이 세워져 있었습니다. 그러므로 성전의 뜰과 관련된 핵심 단어는 "기둥"입니다. 기둥이라는 말이 10번이나 나옵니다.

휘장을 둘러칠 기둥이 줄을 맞춰 세워져 있는 광경을 상상해 보십시오. 성막밖과 안이 이 휘장으로 말미암아 거룩하게 구별이 되었는데 이는 "기둥"이 든든히 서 있었기 때문에 가능해지는 것입니다. 만일 기둥들이 쓸어지게 되면 구별점이 없어지게 되고 맙니다.

이런 맥락에서 기둥 하나 하나는 바로 성도들을 나타낸다 할 수가 있습니다. 성막 기둥들이 세워짐 같이 성도들이 진리 안에서 굳게 세워질 때(딤전 3:15) 교회는 견고히 세워지고, 세상과 거룩하게 구별이 될 수가 있는 것니다.

사도 바울은 "주 안에 서라"(빌 4:1) 하고 권면합니다. 베드로는 "너희는 이 은혜에 굳게 서라"(벧전 5:12) 하고 말씀합니다. 성도들이 주님을 중심으로 손에 손을 마주잡고 세속화의 물결을 막기 위해 빙 둘러서 진치고 있는 것, 이것이 성별입니다.

그리고 명심할 점은, "끊이지 않게 등불을 켜라"(20) 하심과, "저녁부터 아침까지 항상 여호와 앞에 그 등불을 보살피게 하라"(21)는 말씀입니다. 언제까지인가? 참빛되시는 그리스도가 오실 때까지입니다. 이제는 교회가 "입곱 금촛대"라 하신 세상의 빛인 것입니다. 형제의 기둥은 굳게 서 있습니까? 그리고 형제의 등불은 밝히 빛나고 있습니까?

적용

번제 단은 성막 뜰에 있었고, 주님의 십자가는 영문 밖에 세워졌습니다. "그런즉 우리도 그의 치욕을 짊어지고 영문 밖으로 그에게 나아가자"(히 13:13) 합니다.

나누어봅시다

1, 번제 단을 뜰에 두라 하신 구속사적 의미에 대해서,

2, 성막을 구별하는 휘장을 지탱하고 있는 기둥들에 대해서,

3, 끊이지 말고 등불을 켜라 하신 의미에 대해서,

28장

여호와를 섬길 대제사장

첫째 단원(1-3) 아론 가문의 제사장직
둘째 단원(4-30) 에봇의 견대와 흉패
셋째 단원(31-43) 겉옷과 관의 패

내용 관찰

28장-29장은 성막에서 섬기게 될 제사장에 대한 규례인데, "아론과 그의 아들들을, 나를 섬기는 제사장 직분을 행하게 하라"(1) 하십니다. 범죄한 인간은 하나님께 나아갈 수가 없게 되었고, 하나님과 인간 사이에 중보자가 필요하게 되었습니다. 그러므로 대제사장은 우리 중보자가 되시는 예수 그리스도를 예표합니다.

이런 맥락에서 제사장을 위하여, "거룩한 옷을 지어 영화롭고 아름답게 할지니"(2) 하십니다. 왜냐하면 "거룩한 곳에서 섬길 때에 그것들을 입어야 죄를 짊어진 채 죽지 아니하기"(43) 때문이라 하십니다.

그렇다면 "영화롭고 아름다운" 옷의 의미는 무엇인가? 죄를 범한 아담은, "내가 벗었으므로 두려워하여 숨었나이다" (창 3:10) 했습니다. 그런 원죄 하에 있는 자들이 의로우신 하나님 앞에 나아가는 것이 어떻게 가능하여지는가? 오직 "거룩한 옷"이라 하신 하나님의 의를 힘 입음으로 만이 가능한 것입니다.

그러므로 대제사장의 영화롭고 아름다운 옷은 주님의 인격을 나타낼 뿐만 아니라, 믿는 자에게 주어지는 "하나님의 의", 즉 칭의를 뜻합니다. 그래야만 죽지 아니하는 것입니다.

레위기 16장에 보면 아론이 성소에 들어오려면, "거룩한 세마포 속옷을 입으며 세마포 속바지를 몸에 입고 세마포 띠를 띠며 세마포 관을 쓸지니 이것들은 거룩한 옷이라 물로 그의 몸을 씻고 입을 것이며" (레 16:4) 하시는데 "세마포" 옷은, "그리스도 예수 안에 있는 속량으로 말미암아 하나님의 은혜로 값 없이 의롭다 하심을 얻은 자 되었느니라" (롬 3:24) 한 "칭의"를 상징하는 것입니다.

또한 제사장이 쓰는 관 정면에는 정금으로 만든 패가 있었는데 거기에는 "여호와께 성결" (36)이라고 새겨져 있어서 그들이 거룩히 구별된 자들임을 나타냅니다. 인간 제사장들은 약점이 많은 죄인들입니다. 오직 "여호와께 성결"이라는 패가 "아론의 이마에 늘 있으므로 그 성물을 여호와께서 받으시게 되리라" (38) 하고 말씀하십니다.

제사장의 두 어깨에는 12지파의 이름을 새긴 호마노 보석 두 개를 달라(9) 하시고, 제사장의 흉패에는, "열두 지파의 이름을 새긴" 열두 개의 보석(21)을 달라 하심으로, 어깨에는 12지파를 메고 가슴에는 12지파를 품고 그들을 대표해서 여호와를 섬겼던 것입니다.

제사장은 어떠한 경우에도 그 옷을 찢어서는 안 되었는데(레 10:6), 왜냐하면 그것은 슬픔과 절망을 나타내는 행위로써 사시고 참되신 여호와를 불신하는 일이 되기 때문입니다. 이점이 얼마나 강조되어 있는가 하면 32절에서는 입고 벗을 때 실수로라도 찢어지지 않도록 갑옷 같이 견고히 할 것을 명하십니다.

형제여, 28장이 나타내주는 진리는 첫째는, 참 대제사장되시는 그리스도요,둘째는 제사장 된 우리들의 영화롭고 아름다운 지위와, 막중한 책임입니다.

적용

예표가 되는 구약의 말씀들을 상고할수록 왕 같은 제사장이 된 우리의 신분과 지위와 직무와 책임이 영화롭고 막중함을 깨닫게 됩니다. 이전보다 더욱 하나님을 사랑하고 섬기십니다.

나누어봅시다

1, 영화롭고 아름다운 제사장의 거룩한 옷의 상징에 대해서,

2, 12지파의 이름을 새긴 보석을 어깨와 가슴에 달라 하신 의미에 대해서,

3, 이마에 여호와께 성결이라는 패를 달라하심에 대해서,

29장
제사장의 위임식

첫째 단원(1-9) 관유를 그 머리에 바르라
둘째 단원(10-37) 속죄제와 번제를 드리라
셋째 단원(38-46) 교제를 위한 상번제

내용 관찰

29장은 제사장의 위임 예식에 관한 내용입니다. 제사장의 위임 예식은, "관유를 가져다가 그 머리에 부어 바르고"(7) 하신, 기름 부음이 핵심입니다. 영화롭고 아름다운 성의를 입고, "기름 부음으로 위임을 받을 것이며"(29, 28:41) 하십니다.

대제사장은 참 대제사장 되시는 예수 그리스도를 예표하는 인물입니다. 그러므로 그리스도 곧 기름 부음을 받은 자인 것입니다. 시편 133편에 "머리에 있는 보배로운 기름이 수염 곧 아론의 수염에 흘러서 그의 옷깃까지 내림 같고"(2) 하는데, 대제사장 아론의 머리에 관유를 부으면 수

염에 흘러서 옷깃까지 흘러내렸던 것입니다.

이것을 예표로 하여, 교회의 머리되시는 예수 그리스도의 기름 부음이 몸 된 교회의 지체들에게 까지 흘러 내려서 그에게 속한 자들은 기름 부음을 받은 자들 곧 그리스도인들이 된다는 것을 나타냅니다.

기름 부음을 받아 제사장으로 위임 받기 위해서는 먼저 속죄제(14)와, 번제(18)와, 화목제(25)를 드려야 했는데 이는 인간 제사장도 하나님 앞에는 죄인들이기 때문입니다. 이점을 히브리서에서는, "율법은 약점을 가진 사람들을 제사장으로 세웠거니와 율법 후에 하신 맹세의 말씀은 영원히 온전하게 되신 아들을 세우셨느니라" (히 7:28) 합니다.

"피를 가져다가 아론의 오른쪽 귓부리와, 그 오른손 엄지와 오른발 엄지에 바르라" (20) 하심은 섬김과 관련이 있는데, "귀"는 하나님의 말씀을 바로 들어야 하고, "손과 발"에 뿌리라 하심은 하나님을 섬김에 대한 성별을 의미합니다.

형제여, 우리의 대제사장 되시는 예수그리스도의 기름 부음이 형제에게도 흘러내려 거듭나게 하시고, 거룩하게 하시며 충만케 하심을 믿으시기 바랍니다. 그러므로 형제는 기름 부음을 받은 왕 같은 제사장인 것입니다.

"네가 제단 위에 드릴 것은 이러하니라 매일 일 년 된 어린 양 두 마리니 한 어린양은 아침에 드리고 한 어린양은 저녁 때에 드릴지며" (38-39) 하시는데 이것이 상번제입니다. 여기에는 두가지 의도가 있습니다. 첫째는 번제로 예표된 메시아언약을 잊지 않게 하시기 위해서요, 둘째는 자기 백성과 교제를 원하시기 때문입니다.

이점이 "내가 거기서 너희와 만나고 네게 말하리라" (42) 하시는 말씀에 나타납니다. 형제가 제사장으로써 섬길 때에 하나님과의 만남과 말씀을 받는 영적 교통이 늘 있으시기를 기원합니다.

적용

많은 그리스도인들이 성령 받기를 갈망합니다. 그러나 먼저 확신해야 할 점은 머리 되시는 그리스도의 기름 부으심이 그에게 속한 모든 지체에 흘러 넘치고 있음을 믿고 감사하는 일입니다. 형제도 기름부음을 받은 그리스도인인 것입니다.

나누어봅시다

1, 제사장의 위임식에 기름 부음이 핵심인 것과 그 의미에 대해서,

2, 자신을 위한 속죄제, 번제등을 드려야 하는 이유에 대해서,

3, 귀, 손, 발에 피를 바르라 하시는 의도에 대해서,

30장
분향단과 생명의 속전

첫째 단원(1–10) 분향할 단을 만들라
둘째 단원(11–16) 생명의 속전을 드리라
셋째 단원(17–21) 물두멍의 의미
넷째 단원(22–38) 거룩한 관유를 만들라

내용 관찰

30장에는 향단(1-10), 속전(11-16), 물두멍(17-21), 관유(22-33), 향의 제조법과 용도(34-38) 등이 있습니다. 번제단은 놋단인 반면 향단은 금으로 만든 금단입니다. 제사장은 "놋 단과, 금 향단" 사이에서 섬겼습니다. 놋 단이 죄를 대속하기 위한 죽음의 단이라면, 향단은 항상 살아서 간구하시는 그리스도의 중보(히 7:25)를 상징합니다

향단의 위치와 결부하여 영적 통찰력이 요구되는데 구약성경에서는 휘장 밖에 두라 하셨는데(30:6), 신약성경에서는 휘장 안 지성소에 위치

해 있는 것으로(히 9:4) 말씀하고 있기 때문입니다. 먼저 우리의 중보자는 휘장 밖에(히 9:8) 계셨습니다.

그러나 그가 "염소와 송아지의 피로 하지 아니하고 오직 자기의 피로 영원한 속죄를 이루사 단번에 (지)성소에 들어가셨느니라"(히 9:12) 하고, 휘장 안으로 들어가셨다고 말씀합니다. 그리하여 지금은 하늘에 있는 지성소에서 항상 살아 계셔서 우리를 위하여 간구하시는(히 7:25) 것입니다.

우리들도 전에는 휘장 밖에 있었으나 우리 주 예수 그리스도의 구속으로 말미암아, "긍휼하심을 받고 때를 따라 돕는 은혜를 얻기 위하여 은혜의 보좌 앞에 담대히 나아갈"(히 4:16) 수가 있게 된 것입니다. 그러니까 우리의 향단도 휘장 밖에 있지 아니하고 지금은 휘장 안에 있게 되었다는 것이 됩니다.

이것이 어떻게 가능하여졌는가? "너희의 생명을 대속하기 위하여 여호와께 드릴 때에 부자라고 반 세겔에서 더 내지 말고 가난한 자라고 덜 내지 말지며"(15) 한, 우리를 위한 "생면의 속전"(12)을 그리스도께서 번제단에서 드려주셨기 때문입니다. 주께서 우리를 위하여 지불하신 속전은 만민이 평등합니다. 이는 모든 영혼이 차별 없이 소중함을 나타냅니다.

이런 맥락에서 번제단과 물두멍은 심판의 의미가 있는 놋으로 만들어졌음을(18) 잊지 말아야만 합니다. 그런데 물두멍의 놋이, "회막 문에서 수종 드는 여인들의 거울"(38:8)로 만들어졌다는 점입니다. 거울을 통해서 자신의 죄를 발견하는 자마다 물두멍에서 씻음 받아야 할 필요를 깨닫게 되는 것입니다.

형제의 죄 값은 번제단을 통해서 지불이 되었고, 물두멍에서 씻음 받고, 휘장 가운데로 열어놓으신 새롭고 산 길을 따라 하나님의 보좌 앞에 담대히 나아갈 수 있는 제사장이라는 점을 명심하십시오

적용

형제의 기도의 향단도 지성소 안에 있음을 잊지 마십시오. 형제는 놋으로 만든 번제단과 금으로 만든 향단 사이에서 섬기고 있음을 명심하시기 바랍니다.

나누어봅시다

1, 향단의 구약시대의 위치와 신약의 위치에 대해서,

2, 빈부를 막론하고 속전을 동일하게 드리라 하신 의도에 대해서,

3, 물두멍에 담긴 의미에 대해서,

31장

성막 세우는 일을 담당할 자

첫째 단원(1-11) 하나님의 영을 충만케 하심
둘째 단원(12-18) 너희는 나의 안식일을 지키라

내용 관찰

31장은 지금까지 말씀하신 성막과 그 기구들을 만들기 위하여 브사렐을 지명하여 부르고 그의 보조자로 오홀리압과 지혜로운 자를 세우시는 내용입니다. 핵심은 " 하나님의 영을 그에게 충만하게 하여"(3) 한, "하나님의 영"에 있습니다. 그리하여 "지혜와 총명과 지식과 여러 가지 재주로 정교한 일을 연구하여 금과 은과 놋으로 만들게"(4) 하셨습니다. 만들되, "내가 네게 명령한 것을 다 만들게 할지니"(6) 하신, "명하신" 대로 만들어야 했습니다.

참 것의 그림자인 성막을 세우는 일에도, "내가 유다지파 훌의 손자요 우리의 아들인 브사렐을 지명하여 부르셨다"는 말씀은 의미심장합니다.

왜냐하면 하나님의 교회도, "내가 이 반석 위에 내 교회를 세우리니"(마 16:18) 하고 유다 지파로 오신 그리스도에 의해서 세워졌기 때문입니다.

이 말씀이 우리에게는 "그가 어떤 사람은 사도로, 어떤 사람은 선지자로, 어떤 사람은 복음 전하는 자로, 어떤 사람은 목사와 교사로 삼으셨으니 이는 성도를 온전하게 하여 봉사의 일을 하게 하며 그리스도의 몸을 세우려 하심이라"(엡 4:11-12) 하고 적용이 됩니다. "그리스도의 몸을 세우려 하심", 이것이 참 성막(교회)을 세우는 일입니다.

이런 문맥에서, "너는 이스라엘 자손에게 말하여 이르기를 너희는 나의 안식일을 지키라 이는 나와 너희 사이에 너희 대대의 표징이니 나는 너희를 거룩하게 하는 여호와인 줄 너희가 알게 함이라"(13) 하고, 안식일을 지키라 명하십니다.

이 안식일 준수를 점이 아닌 구속사라는 맥락으로 보면 어떤 의미가 되는가? 하나님께서는 첫 창조가 완성이 되었을 때에 안식을 취하셨습니다. 그러나 그 "안식"은 죄가 들어옴으로 깨지고 "내가—하리라"(창 3:15) 하고, 재창조의 일을 시작하셨던 것입니다.

그러면 깨진 안식을 누가 회복시킬 것인가? 주님께서는, "인자는 안식일에도 주인이니라"(막 2:28) 하고 말씀하십니다. 이런 맥락에서 "회막, 증거궤, 속죄소(7), 번제단, 물두멍"(9) 등이 그리스도께서 담당하실 사역에 대한 모형이듯이 "안식일"을 지키라 명하심은 영원한 안식을 회복시켜주실 그리스도를 대망(待望)하게 하심이었던 것입니다. 그래서 "너희 대대의 표징이라"(13) 하시는 것입니다.

형제가 하고 있는 일이 아무리 작은 일로 보일지라도 하나님께서 자기 교회를 세우시는 일에 형제를 지명하여 부르시고, 성령을 충만케 하시고, 지혜로운 마음을 주시어 감당케 하셨음을 명심하시기 바랍니다. 세우는 일이 끝날 때에 참 안식은 주어질 것입니다.

적용

하나님의 교회를 세우는 일에 형제를 택하여 부르시어 성령으로 충만케 하셨습니다. 그렇다면 하나님 나라건설에 형제에게 맡겨진 사역이 무엇입니까?

나누어봅시다

1, 성막 세우는 일은 어느 지파 누구에게 맡겼습니까?

2, 하나님께서 사명을 감당할 수 있도록 어떤 은사를 주셨습니까?

3, 안식일을 지키라는 구속사적 의미가 무엇입니까?

32장

금 신상을 만들다

첫째 단원(1-6) 우리를 인도할 신을 만들라
둘째 단원(7-14) 중재자로 인하여 뜻을 돌이키신 하나님
셋째 단원(15-20) 깨어진 증거판
넷째 단원(21-35) 보응할 날에는 그들의 죄를 보응하리라

내용 관찰

32장은 모세가 산에서 내려옴이 더딤을 보고 백성들이 모여 아론에게, "우리를 위하여 우리를 인도할 신을 만들라" (1) 해서 송아지 형상의 우상을 만드는 내용입니다.

이 대조를 보십시오. 지금 시내 산상에서는 그리스도의 모형인 "성막을 만들라"는 엄청난 은혜의 말씀이 주어지고 있는데, 산 아래에서는 우매무지한 인간들이 금송아지 우상을 만들고 있는 것입니다. 이 사건을 성경에 기록하게 하심은, "그들에게 일어난 이런 일은 본보기가 되고 또

한 말세를 만난 우리를 깨우치기 위하여 기록"(고전 10:11)이 되었다고 말씀합니다.

지금 우리의 중보자 그리스도는 하나님 우편에 계시는데 재림이 늦어진다고 지상의 교회가 기복신앙이라는 금신상을 숭배하고 있는 것은 아닌지 심각하게 각성해야 할 것입니다.

더욱이나 하나님께서, "네 형 아론"에게 거룩한 옷을 지어서 영화롭고 아름답게 단장시켜 내게 제사장 직분을 행하게 하라"(28:1)고 명하시던 그 시각에, "아론이 그들의 손에서 그 고리를 받아 부어서 각도로 새겨 송아지 형상을 만드니"(4) 하고, 지도자 아론이 앞장을 서고 있었다는 점을 주목해야만 합니다.

이점에서 5-6절을 유의해 보면 한 가지만 다르다는 점입니다. 저들은, "이스라엘아 이는 너희를 애굽 땅에서 인도하여 낸 너희의 신이로다"(4) 하고 말했습니다. "제단을 쌓고 이에 아론이 공포하여 이르되 내일은 여호와의 절일이니라"(5) 했습니다. "일찍이 일어나 번제를 드리며 화목제를 드리고 백성이 앉아서 먹고 마시며 일어나서 뛰놀더라"(6) 합니다.

무엇이 다른가? 하나님이 계셔야 할 자리에 "금 송아지" 우상이 앉아 있는 것만이 다르다는 점을 명심해야만 합니다. 그런데 통탄할 일은 "금 송아지"를 "너희를 애굽 땅에서 인도하여 낸 너희의 신이라" 하고 부르고 있다는 점입니다.

성경은 "나는 이러한 하나님이니라" 하신 하나님의 자기계시입니다. 이 성경을 자기 좋을 재로 해석하다 보면 성경이 계시해 주는 하나님이 아니라 자기들이 만든 "하나님"이라는 우상을 섬기는 과오를 범하게 됩니다. 이 일은 아론과 같은 지도자가 주도적인 역할을 하기가 쉽습니다. 하나님께서는 모세에게, "네 백성이 부패하였도다"(7) 하고 말씀하십니다.

"내가 그들에게 진노하여 그들을 진멸하고 너를 큰 나라가 되게 하리라"(10), 즉 선민 됨을 폐하시겠다 하십니다. 모세는 "주의 종 아브라함과 이삭과 이스라엘을 기억하소서 주께서 그들을 위하여 주를 가리켜 맹세하여 이르시기를"(13) 하고, 조상들에게 세워주신 언약을 붙잡고 탄원을 합니다.

"여호와께서 뜻을 돌이키사 말씀하신 화를 그 백성에게 내리지 아니하시니라"(14) 합니다. 그러나 "여호와의 모든 말씀을 우리가 준행하리이다"(24:7) 한 돌판은, "그 판들을 산 아래로 던져 깨뜨리니라"(32:19) 하고, 깨지고 말았던 것입니다. 이는 무엇을 말씀해주고 있는가? 율법의 행위로는 구원을 얻을 수 없다는 자력구원의 불가능성입니다.

모세는 금으로 만든 송아지를 가루로 만들고(20), "누구든지 여호와의 편에 있는 자는 내게로 나아오라"(26) 합니다. 아무리 혼탁한 시대에도 여호와의 편에 서 있는 "남은 자"는 있는 것입니다. 이 날에 3천명 가량이 죽임을 당했습니다.

모세가 "그들의 죄를 사하시옵소서" (32) 하고 탄원하니, "내가 보응하는 날에는 그들의 죄를 보응하리라" (34) 하십니다. 보응하는 날이 언제며, 그들의 죄를 누구에게 보응하셨는지 형제는 알고 있습니까? "곧 이때에 자기의 의로우심을 나타내사" (롬 3:26) 하고 자기 아들에게 보응하셨다는 점을 잊어서는 아니 됩니다.

형제여, 이 시대는 "돈"의 세력이 교회 안에서까지 위력을 발휘하고 있습니다. 주님의 재림하심이 더딤을 보고 자신들도 모르는 사이에 황금 송아지를 모셔 놓고 "앉아서 먹고 마시며 일어나서 뛰놀고" (6) 있지는 아니한가 깊이 반성해 보아야만 할 시점입니다.

적용

형제는 오늘의 교회의 어떤 점이 개혁 되어야 한다고 보십니까? 그 일을 위해서 형제가 할 일은 무엇입니까?

나누어봅시다

1, 산 위에서 모세가 하나님을 만나고 있는 동안 산 아래에서는 어떤 일이벌어졌습니까?

2, 돌판이 깨어졌다는 것은 무엇을 말해줍니까?

3, 모세의 탄원과 하나님께서 뜻을 돌이키신 근거에 대해서,

33장

동행을 거절하시는 하나님

첫째 단원(1-11) 준엄한 말씀
둘째 단원(12-16) 모세의 중보기도
셋째 단원(17-23) 은혜로운 말씀

내용 관찰

금 송아지 사건이 있은 후로 하나님께서는, "나는 너희와 함께 올라가지 아니하리니" 하고, 이스라엘 백성과 동행하심을 거절하십니다. 왜냐하면" 너희는 목이 곧은 백성인즉 내가 길에서 너희를 진멸할까" (3) 염려가 되기 때문이라는 것입니다.

무슨 뜻인가? 이에 대한 해답을, " 나와 주의 백성이 주의 목전에 은총입은 줄을 무엇으로 알리이까 주께서 우리와 함께 행하심으로 나와 주의 백성을 천하 만민 중에 구별하심이 아니니이까" (16) 한 말씀에서 구할 수가 있는데, 여기에는 교훈적인 면과 신학적인 의미가 있습니다.

교훈적인 면은, 하나님과 동행하는 삶이란 "구별하심", 즉 성별된 삶이 따른다는 점입니다. 보다 중요한 것은 신학적인 의미인데 저들을 여기까지 인도하신 것이 저들에게 그럴만한 자격이 있었기 때문이 아니라 "은총", 즉 메시아언약으로 말미암아 가능하였다는 것입니다. 그런데 저들이 금송아지를 섬겼다는 것은 단순한 우상숭배가 아니라 세워주신 메시아언약에 대한 배신이었던 것입니다. 그렇다면 동행할 수 없을 뿐만이 아니라, "진멸"을 당할 수밖에 없는 것입니다.

그리하여 회막은 "진 밖에 쳐서 진과 멀리 떠나게" (7) 되었는데, 이것은 슬픈 일입니다. "백성이 이 준엄한 말씀을 듣고 슬퍼하여" (4) 그 몸에서 단장품을 제하였다 하는데 이는 겸비와 회개의 표입니다.

"모세가 여호와께 아뢰되 주께서 친히 가지 아니하시려거든 우리를 이 곳에서 올려 보내지 마옵소서 " (15) 하고 탄원합니다. 기도에 나타난 인칭 대명사를 유의해 보면 15-16절에서는 "우리"라고 말하고 있으나 그 외에는 "내가 참으로 주의 목전에 은총을 입었사오면 원하건대 주의 길을 내게 보이사 내게 주를 알리시고 나로 주의 목전에 은총을 입게 하시며 이 족속을 주의 백성으로 여기소서" (13) 하고, "나"라고 말씀합니다. 모세는 "너희 영혼을 위하여 경성하기를 자신들이 청산할 자인 것 같이" (히 13:17) 하고 있는 것입니다.

하나님은 "내가 친히 가리라 내가 너를 쉬게 하리라" (14) 하고 응락하십니다. 얼마나 은혜로운 말씀인가? 이 기도가 주의 종 된 우리의 기도여야 합니다. 만일 하나님께서 동행하시지 않으신다면 젖과 꿀이 흐르는 가나안인들 무슨 즐거움이 있으리요.

형제여, 하나님께서 네 소원이 무엇이냐고 물으신다면, "주여 주 자신이니이다" 하고 대답하십시다.

적용

하나님께서 함께 올라가지 아니하리라(3) 하시는 말씀보다 슬픈 일은 없고, "내가 친히 가리라"(14) 하는 말씀보다 더 기쁜 일은 없습니다.

나누어봅시다

1, 하나님께서 너희와 함께 올라가지 아니하리라 하신 의도에 대해서,

2, 단장품을 제하였다는 의미에 대해서,

3, 모세의 탄원의 핵심과, 하나님의 응락에 대해서,

34장

공의와 사랑의 하나님

첫째 단원(1-9) 다시 만들어진 두 돌판
둘째 단원(10-28) 다시 세워진 언약
셋째 단원(29-35) 모세의 얼굴에 나타난 영광

내용 관찰

34장의 핵심은 새로 만든 돌 판을 가지고 시내 산에 올라간 모세에게 하나님께서 자신을 계시하시는데 있습니다. 이는 하나님의 성품을 계시하여 주신 중요한 말씀입니다.

여호와께서 반포하시기를, "여호와로라 여호와로라 자비롭고 은혜롭고 노하기를 더디 하고 인자와 진실이 많은 하나님이라" (6) 하십니다. 6절의 성품은 "사랑의 하나님"이심이 분명합니다. 그런데 7절에서는, "그러나 벌을 면제하지는 아니하고 아버지의 악행을 자손 삼 사대까지 보응하리라" 하시는 성품은 공의의 하나님이십니다.

"사랑과 공의"라는 두 성품은 조화를 이룰 수 없는 상반되는 말씀같이 보입니다. 이를 조화롭게 하며 어느 한 쪽을 손상시킴이 없이 만족시켜 주는 비결이 20절에서, "나귀의 첫 새끼는 어린양으로 대속할 것이요" 하신 "대속교리"입니다. 나귀는 부정한 동물의 대명사와도 같습니다. 그러므로 그가 공의 앞에 살아 남을 수 있었던 것은 어린양의 대속으로만이 가능했던 것입니다.

이 대속교리가 "너희의 모든 남자는 매년 세 번씩 주 여호와 이스라엘의 하나님 앞에 보일지라"(23) 하신, 유월절, 오순절, 초막절을 지키라 하시는 말씀에 분명하게 나타납니다. 하나님의 사랑과 공의를 동시에 만족시켜 드린 사건이 하나님의 아들 그리스도께서 유월절 어린양이 되셔서 우리의 죄를 대속하신 십자가사건입니다. 우리 "죄를 용서"하심으로 하나님의 사랑은 만족하셨고, "형벌 받을 자는 결단코 면제하지 않으리라" 하신 우리의 죄를 자기 아들에게 쏟으심으로 하나님의 공의도 만족히 여기심을 받으셨던 것입니다.

우리가 믿는 하나님은, "너는 다른 신에게 절하지 말라 여호와는 질투라 이름하는 질투의 하나님이라"(14) 하십니다. 이는 우리를 그만큼 사랑하신다는 증거입니다.

여기 주목할 점이 있는데 모세가 증거의 두 판을 가지고 시내 산에서 내려올 때에, "모세는 자기가 여호와와 말하였음으로 말미암아 얼굴 피부에 광채가 나나 깨닫지 못하였더라"(29) 한 말씀입니다. "여호와와 말하였으므로" 광채가 발했다면 첫 번에도 광채가 났어야 할 것이 아닌가? 바울은 이를 통해서 "그리스도의 영광의 복음의 광채" (고후 4:4)를 보고 있는 것입니다. 이 "광채"는 첫 돌판이 깨진, 즉 자력구원의 불가능성이 드러난 후에야 주어졌다는 점을 유념하시기 바랍니다.

적용

바울 사도는, "그러나 그들의 마음이 완고하여 오늘까지도 구약을 읽을 때에 그 수건이 벗겨지지 아니하고 있다" (고후 3:13-14) 하고 탄식합니다. 즉 구약에서 축복은 보면서 그리스도와 복음을 증언하지 못하는 것은 수건이 벗어지지 않았기 때문이라는 뜻입니다.

나누어봅시다

1, 하나님의 두 가지 성품에 대해서,

2, 두 가지 성품을 동시에 만족시켜드린 사건에 대해서,

3, 돌판이 깨진 후에야 모세의 얼굴에 광채가 발한 일에 대해서,

35장

예물 드림과 성막 세움

첫째 단원(1–3) 특별한 안식일
둘째 단원(4–9) 마음에 원하는 자는 드릴지니라
셋째 단원(10–35) 여호와의 명하신 것을 만들지니라

내용 관찰

35장은 두 부분으로 나누어지는데 첫 부분(1-29)은 성막 건축에 필요한 예물을 드리는 내용이고, 둘째 부분(30-35)은 성막을 세우는 일꾼들에 대한 말씀입니다.

"모세가 이스라엘 자손의 온 회중에게 말하여 이르되 여호와께서 명령하신 일이 이러하니라"(4) 하고, 하나님께 받은 25장-31장의 말씀을 전합니다. 35장-40장은 성막을 만드는 내용인데 이 부분을 상고할 때에 주목할 점은 하나님께서 모세에게 명하신 말씀을 복창(復唱)하듯 반복하고 있다는 점입니다.

이는 우리가 기도를 드릴 때에 하나님의 말씀을 되돌려 기도함으로 하나님의뜻대로 기도함과 같은 이치입니다. 이처럼 "말씀하신 대로, 명하신 대로, 법대로" 성막의 모든 기구를 만들었다는 점을 드러내고 있는 것입니다.

"너희의 소유 중에서 너희는 여호와께 드릴 것을 택하되 마음에 원하는 자는 누구든지 그것을 가져다가 여호와께 드릴지니"(5) 합니다. 그러자 "마음이 감동된 모든 자와 자원하는 모든 자"(21)가 자기들에게 있는 것들을 힘대로 드리되 넘치도록 드리고 있음을 보게 됩니다. 다음 장에서는, "백성이 아침마다 자원하는 예물을 연하여 가져왔으므로"(36:3) 작업을 진행할 수가 없을 정도였다고 말씀합니다.

본문에는 "마음에 원하는 자"(5, 22, 29), "마음이 감동된 자"(21, 26), "자원하는 자" 등, "마음"이 강조되어 있습니다. 어떤 자는 금 예물을 드렸으며(22), 어떤 자는 실과 가죽을 드렸고(23), 은과 놋을 드리는 자(24), 보석을 가져온 자(27), 기름과 향품을 가져온 자 등 자기들에게 있는 것 중에서 귀한 것들을 드렸습니다. 그런 중에 어떤 자는 조각 목(24)을 가져왔다고 말씀합니다. 금, 은, 보석에 비해 "조각목"은 하찮게 보일 수도 있었으나 없어서는 아니 될 예물이었던 것입니다.

성막을 세우는 일꾼으로는, "유다 지파 훌의 손자요 우리의 아들인 브살렐을 지명하여 부르시고 하나님의 영을 그에게 충만하게 하여 지혜와 총명과 지식으로 여러 가지 일을 하게"(30-31) 하셨다고 말씀합니다. 또 "오홀리압을 감동시키사 가르치게 하시며 지혜로운 마음을 그들에게 충만하게 하사 여러 가지 일을 하게 하시되" (34-35) 합니다.

신약성경에서도, "각각 그 마음에 정한 대로 할 것이요 인색함으로나 억지로 하지 말지니 하나님은 즐겨 내는 자를 사랑하시느니라" (고후 9:7) 하고 말씀하고 있는데, 바울은 이 예물을 가지고 하나님의 나라건설에 사용했던 것입니다.

이점에서 금 송아지 우상을 만들었던 일을 상기하지 않을 수가 없습니다. 왜냐하면 하나님께서는 훗날 성막을 세우는데 사용케 하시려고 출애굽 할 때 은, 금, 패물을 준비시켜 주셨는데(12:35), 그것을 깨닫지 못하고 잘못 사용했기 때문입니다.

적용

형제여, "하나님이 거하실 처소가 되기 위하여" (엡 2:22) 교회를 세우는 일에 하나님께서 미리 준비시켜 놓으신 여호와 이레의 예물이 무엇입니까? "먼저 자신을 주께 드리고" (고후 8:5) 있는 바를 드리십시다.

나누어봅시다

1, 예물 드리는 자의 마음 가짐에 대해서,

2, 있는 것을 드렸다는 점에 대해서,

3, 예물을 드리는 자와 성막을 세우는 자에 대해서,

36장

성령과 지혜로 성막을 만듬

첫째 단원(1-19) 앙장과 덮개를 만듬
둘째 단원(20-34) 성막에 세울 널판들과 띠를 만듬
셋째 단원 (35-38) 휘장을 만듬

내용 관찰

36장은 드린 예물을 가지고 성막을 제작하기 시작하는 내용입니다. 성막을 제작하는 일과 결부하여 핵심은, "모세가 브살렐과 오홀리압과 및 마음이 지혜로운 사람 곧 그 마음에 여호와께로부터 지혜를 얻고 와서 그 일을 하려고 마음에 원하는 모든 자를 부르매" (2) 한, "지혜"인데 6번이나 강조되어 있습니다.

신약교회를 세우는 일에도, "너희는 몇 날이 못 되어 성령으로 세례를 받으리라" (행 1:5) 하신 "성령"과, "형제들아 너희 가운데서 성령과 지혜가 충만하여 칭찬 받는 사람 일곱을 택하라" (6:3) 하신 "성령과, 지혜"로

운 자를 들어 감당케 하심을 볼 수가 있습니다.

그들에게 "고안(연구)하게" (32) 하시고, "가르치게 하셨다(34)는 말씀을 유념해야만 하겠습니다. 그런 자들에 의하여 성막을 덮을 앙장과 덮개는(8) 만들어졌습니다.

성막은 네 겹으로 되어있었는데 속은 아름답고 화려하였으나(8), 겉덮개는 거므스름한 해달의 가죽(19)으로 되어 있었습니다. 이는 그리스도께서, "고운 모양도 없고 풍채도 없은즉" (사 53:2) 한 예언과 같이, 해달의 가죽과 같은 인간의 몸을 입고 오셨으나, 그 안에는 신성이 거하심을 나타내 주고 있습니다.

또한 술람미 여자는 "예루살렘 딸들아 내가 비록 검으나 아름다우니 게달의 장막 같을지라도 솔로몬의 휘장과도 같구나" (아 1:5)하고 증언합니다. 이 말씀은 하나님의 성전 된 우리의 "겉사람은 낡아지나 우리의 속사람은 날로 새로워지도다" (고후 4:16) 한 의미를 되새기게 합니다. 우리도 겉 사람은 해달의 가죽처럼 검으나, 속 사람은 성막의 앙장 같이 아름다운 신앙인격의 소유자가 되기를 기원합니다.

적용

우리는 "연구하여, 가르치는" 일을 소홀히 여길 때가 많습니다. 성경은 선지자들도 연구했고, 천사들도 상고하므로(벧전 1:10, 12) 깨닫게 되었다 하고 말씀합니다. 부지런히 연구하며 가르치십시다. 형제여, 가르치든지 배우든지 하십시오

나누어봅시다

1, 성막을 세우는 일을 감당할 수 있게 하신 두 가지 은사가 무엇입니까?

2, 해달의 가죽과 아름다운 앙장이 전달해주는 의미에 대해서,

3, 연구하고 가르쳤다는 점에 대해서,

37장

법대로 하였더라

첫째 단원(1-9) 증거궤와 속죄소를 만듦
둘째 단원(10-29) 떡 상과 등대와 향단을 만듦

내용 관찰

37장은 성령과 지혜가 충만한 브살렐이 성막의 기구들을 제작한 내용인데, 모든 기구들이 하나님께서 모세에게 명하신 "법대로" 제작이 되었다는 점을 드러내고 있습니다. 성막의 기구를 만든 일에 이름이 명기 된 사람은 브사렐과 오홀리압(31:6)뿐인데, 하나님께서는 이 특별한 사명을 위해서 성령으로 충만케 하셨고, 그는 하나님께서 명하신 "법대로" 행했다는 것입니다.

"브살렐이 조각목으로 (법)궤를 만들었으니"(1), "순금으로 속죄소를 만들었으니"(6), "그가 또 조각목으로 상을 만들었으니"(10), "그가 또 순금으로 등잔대를 만들되 그것을 쳐서 만들었으니"(17), "그가 또 조각목으로 분향할 제단을 만들었으니"(25), "거룩한 관유와 향품으로 정결한 향을 만들었으되 향을 만드는 법대로 하였더라"(29) 하고 말씀합니다.

브살렐이 만든 "법궤, 속죄소, 떡상, 등대, 향단, 관유" 등은 그리스도께서 성취하실 구속사역의 일면을 예표하는 모형들입니다. 이런 맥락에서 놓쳐서는 아니 될 핵심은 "법대로 하였다"(29)는 말씀입니다.

30:25절에서, "향을 제조하는 법대로 향기롭게 만들지니" 하고 명하셨는데 37:29절에서는 "정결한 향을 만들었으되 향을 만드는 법대로 하였더라" 하고 말씀합니다.

이처럼 하나님께서 모세에게 명하신 말씀을 그대로 복창(復唱)하듯 반복해서 언급하고 있는 것은 무의미한 것이 아니라 하나님께서 거하실 성막을 세우는 일은 하나님께서 명하신 법대로 행해야만 받으신다는 엄정한 교훈을 후대에 계시해 주고 있는 것입니다. 훗날 다윗도, "여호와의 손이 내게 임하여 이 모든 일의 설계를 그려 나에게 알려 주셨느니라"(대상 28:19) 하고 진술합니다.

신약성경에서도, "경기하는 자가 법대로 경기하지 아니하면 승리자의 관을 얻지 못할 것이며"(딤후 2:5) 하십니다. 주님께서는 "그 때에 내가 그들에게 밝히 말하되 내가 너희를 도무지 알지 못하니 불법을 행하는 자들아 내게서 떠나가라 하리라"(마 7:23) 하고 경계하십니다.

그리스도의 몸 된 교회를 세우는 일에 우리에게 보여주신 식양이 무엇입니까? 형제여, 그 식양이 성경입니다. 우리는 그 식양 대로 세우고 있는가? 끊임없이 성경을 상고해야만 하겠습니다.

적용

"내가 이 반석 위에 내 교회를 세우리라" 말씀하셨는데, "오늘의 교회가 주님이 세우시려는 교회의 모습을 닮고 있는가" 하고 돌아보게 합니다. 법(성경)대로 세워 나갑시다. 잘못된 줄 알았으면 개혁하십시다.

나누어봅시다

1, 언약궤, 속죄소, 떡상, 등대, 향단 등의 구속사적 의미에 대해서,

2, 법대로 만들었다는 의미에 대해서,

3, 법대로 세워야 할 우리에게 주어진 교회 식양에 대해서,

38장

명하신 대로

첫째 단원(1-20) 번제단과 물두멍과 뜰을 만듬

둘째 단원(21-31) 속전으로 만든 받침들

내용 관찰

38장은 브살렐이, "번제단, 물두멍, 성막 뜰" 등을 만드는 내용입니다. 이는 성막 뜰과 관계가 되는 것들인데 왜냐하면, "번제단과 물두멍"은 성막 뜰에 설치하는 것이기 때문입니다. 번제단은 그리스도께서 담당하실 갈보리 십자가의 모형이요, 물두멍은 제사장이 성소에 들어가기 전에 수족을 씻음으로 죽음을 면하게 되는(30:20) 그리스도의 보혈을 상징하는 것으로 그리스도께서 성취하실 사역의 대표적인 모형들입니다.

번제단과 물두멍에 대해서 히브리서 10장에서는, "그러므로 형제들아 우리가 예수의 피를 힘입어(번제단) 성소에 들어갈 담력을 얻었나니, 우리가 마음에 뿌림을 받아 악한 양심으로부터 벗어나고 몸은 맑은 물로 씻음을 받았으니(물두멍) 참 마음과 온전한 믿음으로 하나님께 나아가자" (히 10:19, 22) 하고 말씀합니다.

이런 맥락에서 38장의 핵심도, "유다 지파 훌의 손자요 우리의 아들인 브살렐은 여호와께서 모세에게 명령하신 모든 것을 만들었고" (22) 한, "명하신" 대로 했다는데 있습니다. 만일 명하신 대로 만들지 않았다면 그 제품이 아무리 화려하다 하여도 무가치한 것일 뿐만이 아니라, 하나님의 뜻을 거역하는 것으로 "화 있을 진저" 하게 된다는 점을 명심해야만 합니다.

그런데 성막 뜰을 말씀하는 중에, "계수된 자가 이십 세 이상으로 육십만 삼천 오백 오십 명인즉 성소의 세겔로 각 사람에게 은 한 베가 곧 반 세겔씩이라" (26) 하고, "속전"을 언급하고 있다는 점입니다.

이는 "네가 이스라엘 자손의 수효를 조사할 때에 조사 받은 각 사람은 그들을 계수할 때에 자기의 생명의 속전을 여호와께 드릴지니" (30:12) 한 말씀과 결부되는 것으로, "이것(속전)으로 회막 문 기둥 받침과 놋 제단과 놋 그물과 제단의 모든 기구를 만들었으며 뜰 주위의 기둥 받침과 그 휘장 문의 기둥 받침이며 성막의 모든 말뚝과 뜰 주위의 모든 말뚝을 만들었더라" (30-31) 하고 말씀합니다.

그렇다면 이는 우리를, "너희는 너희 자신의 것이 아니라 값으로 산 것이 되었으니 그런즉 너희 몸으로 하나님께 영광을 돌리라" (고전 6:19-20) 하신 말씀으로 인도해주고 있는 것입니다.

적용

하나님의 교회는 구속함(속전으로 드린)을 받은 사람들이 연결하여 지어져 가는 것입니다. 그러므로 언약궤는 수레로 운반하는 것이 아니라 구속함을 얻은 백성이 메어야 하는 것이 하나님의 정하신 법입니다. 형제도 그 중의 한 사람입니다.

나누어봅시다

1, 번제 단과 물두멍은 무엇에 대한 예표입니까?

2, 속전으로 드린 은으로는 무엇을 만들었습니까?

3, 명령하신 대로 모든 것을 만들었다는 점에 대해서,

39장

명하신 대로 하였더라

첫째 단원(1-31) 거룩한 옷을 만듬
둘째 단원(32-43) 그들에게 축복하였더라

내용 관찰

39장은 두 부분으로 나누어지는데 앞 부분은 대제사장의 옷을 만든 내용이고, 뒷부분은 만든 모든 것을 모세가 점검하는 내용입니다. 대제사장의 옷을 통해서 계시해 주는 점은 그 옷이 "거룩한 옷"이라는 것과(1), "영화롭고 아름답다"(28:2)는 것입니다.

제사장의 에봇도 28:32절에서 명하신 대로, "그 옷의 두 어깨 사이에 구멍을 내고 갑옷 깃 같이 그 구멍 주위에 깃을 짜서 찢어지지 않게"(23) 만들었다고 말씀합니다. 39장에는 "명하신 대로" 라는 말이 10번이나 강조되어 있습니다.

에봇 양 어깨에는 명하신 대로 이스라엘 12지파의 이름을 새긴 호마노

두개를 달았고(6), 흉패에는 명하신 대로 12지파의 이름을 새긴 보석 열두 개를 달았고(14), 관에는 명하신 대로 "여호와께 성결"(30)이라는 패를 붙였다고 말씀합니다.

그렇습니다. 하나님을 수종 드는 제사장은 "여호와께 성결"된 사람입니다. 어떠한 경우에도 옷을 찢어서 슬픔이나 절망을 나타낸다는 것은 하나님 자신을 불신하는 행위로 불경한 일이 되었던 것입니다. 제사장의 옷은 실수로라도 찢어져서는 아니 되었던 것입니다. 제사장의 옷을 만드는 것을 마지막으로 성역을 끝마치게 됩니다.

"이스라엘 자손이 이와 같이 성막 곧 회막의 모든 역사를 마치되 여호와께서 모세에게 명령하신 대로 다 행하고 그들이 성막을 모세에게로 가져왔으니"(32-33) 합니다.

그리고 39장은, "여호와께서 모세에게 명령하신 대로 이스라엘 자손이 모든 역사를 마치매 모세가 그 마친 모든 것을 본즉 여호와께서 명령하신 대로 되었으므로 모세가 그들에게 축복(祝福)하였더라"(42-43) 하고 마치고 있습니다. 명하신 대로 하지 않았다면 어찌 되었을까를 생각하게 합니다.

참 것의 그림자도 이처럼 명하신 대로 준행했다면 실체인 하나님의 교회는 더욱 더 명하신 대로 행해야 한다는 엄숙한 경계입니다.

적용

현대교회가 하나님의 명하신 대로 행하고 있지 아니한 점이 있다면 구체적으로 어떠한 점일까요?

나누어봅시다

1, 제사장의 옷에 나타난 세 가지 영광스러움(1, 28:2)은 무엇입니까?

2, 제사장의 옷에 나타난 세 가지 책임(6, 14, 30)은 무엇입니까?

3, 성막을 만드는데 있어서 절대적으로 중요한 요점이 무엇입니까?

40장

영광으로 충만한 성막

첫째 단원(1–33) 성막을 세우라
둘째 단원(34–38) 모세가 들어갈 수 없었더라

내용 관찰

40장은 여호와의 명하신 대로 제작한 성막의 모든 기구들을 여호와의 명하신 대로 조립하여 세우는 내용입니다. "여호와께서 모세에게 말씀하여 이르시되 너는 첫째 달 초하루에 성막 곧 회막을 세우라" (1-2) 하십니다. 이 말씀은 출애굽을 하게 된, "이 달을 너희에게 달의 시작 곧 해의 첫 달이 되게 하라" (12:2) 하신 말씀과 결부되는 것으로 성막도, "첫째 달 초하루"에 세우라 하십니다.

"또 증거궤를 들여놓고 또 휘장으로 그 궤를 가리고" (3) 하고 일일이 지시하십니다. 39장에서는 "모세가 그 마친 모든 것을 본즉 여호와께서 명령하신 대로 되었으므로 모세가 그들에게 축복하였더라" (43) 하고, 모세가 점검하고 있습니다만, 40장에서는 "여호와께서 모세에게 말씀하여 이르시되" (1) 하고, 하나님께서 친히 명하시는 것을 볼 수가 있습니다. "모세가 그같이 행하되 곧 여호와께서 자기에게 명령하신 대로 다 행하였더라" (16) 합니다.

40장에도 "여호와께서 모세에게 명하신 대로 되니라"는 말씀이 8번이나 강조되어 있으면서, "모세가 이같이 역사를 마치니" (33) 합니다.

그 후에 "구름이 회막에 덮이고 여호와의 영광이 성막에 충만" (34)하였다는 것은, 세워진 성막을 여호와께서 받아주시고 임재 하셨음을 나타내는 것입니다. 39장에서는 모세가 "여호와께서 명령하신 대로 되었으므로 모세가 그들에게 축복" (43) 하였으나, 40장에서는 하나님께서 친히 영광으로 충만케 하신 것입니다.

얼마나 충만했으면, "모세가 회막에 들어갈 수 없었으니 이는 구름이 회막 위에 덮이고 여호와의 영광이 성막에 충만함이었으며" (35) 합니다. 이는 오직 "명하신 대로" 세웠기 때문입니다.

이점에서 유념할 점은 성막이 여호와의 명하신 대로 세워질 수 있었던 것은 성령이 충만한 자들에 의하여 세워졌기 때문이라는 점입니다. 만일 육에 속한 자가 세웠다면 자기들 좋을 대로 변개(變改)했을 것이요, 여호와의 영광이 충만하기는 커녕 진노하사 거절하셨을 것이 분명합니다.

임재 하신 여호와의 영광은 광야를 통과하는 내내 "낮에는 여호와의 구름이 성막 위에 있고 밤에는 불이 그 구름 가운데에 있음을 이스라엘의 온 족속이 그 모든 행진하는 길에서 그들의 눈으로 보았더라" (38) 하고,

출애굽기는 마치고 있습니다.

성막은, “말씀이 육신이 되어 우리 가운데 거하시매 우리가 그의 영광을 보니 아버지의 독생자의 영광이요 은혜와 진리가 충만하더라” (요 1:14)에 대한 모형인 것입니다.

그리고 그리스도의 구속으로 말미암아, “너희는 너희가 하나님의 성전인 것과 하나님의 성령이 너희 안에 계시는 것을 알지 못하느냐” (고전 3:16) 하는 말씀으로 적용이 되는 것입니다.

“출애굽기의 중심점은, “구속하여 너희로 내 백성을 삼고” (6:6-7) 하신 말씀으로 시작하여, 하나님의 영광이 성막에 충만한 것으로 끝을 맺고 있습니다.

형제여, 우리는 지금 하나님의 명하신 대로 교회를 세우고 있습니까?

적용

참 것의 그림자도 이처럼 하나님의 영광으로 충만하였다면, 참 것에는 얼마나 더욱 충만하겠습니까? (요1: 14, 행2: 4). 바울은 교회를 “영광스러운 교회” (엡 5:27)라고 말씀합니다. 만일 교회가 영광스러움을 잃고 있다면 법대로 세우지 않았기 때문일 것입니다.

나누어봅시다

1, 성막은 언제 세웠습니까?

2, 명하신 대로 하였을 때에 하나님은 어떻게 행해주셨습니까?

3, 불과 구름으로 인도하셨다는 점에 대해서,

4, 출애굽기를 마치면서 깨달은 점을나누어봅시다